KB167330

_____ 학교 ____ 학년____반 _____ 의 책이에요.

전 세계가 인정한 우리의
세계유산

  세계유산이란, '세계유산협약'에 따라 인류 전체를 위해 보호해야 할 가치가 있다고 인정되는 세계 여러 나라의 유산 가운데 유네스코에 등록된 유산을 말해요.

  최근 전 세계적으로 자연재해나 전쟁 등으로 파괴될 위기에 처한 인류의 유산이 늘어나고 있어요. 이를 미리 방지하고 보호하고자 1978년부터 유네스코의 세계유산위원회에서는 보호해야 할 가치가 있는 유산들을 세계유산으로 지정하고 있답니다.

  인류 전체를 위해 보편적인 가치가 있다고 인정하는 유산을 중심으로 지정하다 보니, 각 나라의 문화와 역사를 대표하는 유산인 경우가 많아요. 따라서 각 나라의 세계유산을 알아보는 일은 곧 그 나라의 고유한 문화를 알 수 있는 지름길이지요.

  우리나라는 현재 석굴암과 불국사, 해인사 장경판전, 종묘, 창덕궁, 수원 화성, 경주역사유적지구, 고창·화순·강화 고인돌유적, 제주 화산섬과 용암동굴, 조선왕릉, 한국의 역사마을 : 하회와 양동, 남한산성, 백제역사유적지구와 산사 한국의 산지승원, 한국의 서원이 등재되어 있답니다. 그리고 세계기록유산으로는 훈민정음, 조선왕조실록, 직지심체요절, 승정원일기, 조선왕조의 의궤, 해인사 고려대장경판 및 제경판, 동의보감, 일성록, 5.18민주화운동 기록물, 난중일기, 새마을운동 기록물, 한국의 유교책판, KBS특별생방송 '이산가족을 찾습니다' 기록물, 조선왕실 어보와 어책, 국채보상운동 기록물, 조선통신사 기록물이 등재되었어요.

  또한 인류무형문화유산으로는 종묘제례 및 종묘제례악, 판소리, 강릉단오제, 강강술래, 남사당놀이, 영산재, 제주칠머리당 영등굿, 처용무, 가곡, 대목장, 매사냥, 줄타기, 택견, 한산모시짜기, 아리랑, 김장문화, 농악, 줄다리기, 제주해녀문화가 있답니다.

  이 책에서는 우리나라의 세계문화유산 중 하나인 '불국사와 석굴암'에 대해 알아볼 거예요.

세계문화유산

종묘

수원화성

창덕궁

고창 · 화순 · 강화의 고인돌유적

석굴암과 불국사

해인사 장경판전

경주역사유적지구

백제역사유적지구

세계기록유산

조선왕조실록

승정원일기

직지심체요절

훈민정음

조선왕조 의궤

해인사 고려대장경판과 제경판

동의보감

일성록

세계무형유산

종묘제례와 제례악

판소리

강릉단오제

세계자연유산

제주도 화산섬과 용암동굴

신나는 교과 체험학습 03

신라 사람들이 꿈꾼 아름다운 세상 불국사와 석굴암

초판 1쇄 발행 | 2007. 4. 10.
개정 3판 8쇄 발행 | 2023. 11. 10.

글 문명대 | **그림** 강연경 박진아

발행처 김영사 | **발행인** 고세규
등록번호 제 406-2003-036호 | **등록일자** 1979. 5. 17.
주소 경기도 파주시 문발로 197(우10881)
전화 마케팅부 031-955-3100 | 편집부 031-955-3113~20 | 팩스 031-955-3111

값은 표지에 있습니다.
ISBN 978-89-349-8392-7 64000
ISBN 978-89-349-8306-4 (세트)

좋은 독자가 좋은 책을 만듭니다. 김영사는 독자 여러분의 의견에 항상 귀 기울이고 있습니다.
전자우편 book@gimmyoung.com | 홈페이지 www.gimmyoungjr.com

어린이제품 안전특별법에 의한 표시사항

제품명 도서 **제조년월일** 2023년 11월 10일 **제조사명** 김영사 **주소** 10881 경기도 파주시 문발로 197
전화번호 031-955-3100 **제조국명** 대한민국 ⚠주의 책 모서리에 찍히거나 책장에 베이지 않게 조심하세요.

신라 사람들이 꿈꾼 아름다운 세상

불국사와 석굴암

글 문명대   그림 강연경 박진아

주니어김영사

차례

불국사와 석굴암에 가기 전에

미리 준비하세요

준비물 《불국사와 석굴암》 책, 필기도구, 사진기, 기타 여행용품

옷차림 불국사와 석굴암만 본다면 하루에 가능하지만 주변의 경주 역사 유적지구까지 견학한다면 1박 2일이나 2박 3일 일정으로 돌아보는 게 좋아. 따라서 간단한 여행을 떠난다 생각하고 준비물을 챙기는 게 좋지. 갈아입을 옷에 편한 신발도 준비해야겠지?

미리 알아 두세요

이용 요금 (괄호 안은 30명 이상 단체 요금)

구분	어린이	청소년	어른
불국사	3,000원 (2,500원)	4,000원 (3,500원)	6,000원
석굴암	2,500원 (1,500원)	3,500원 (2,000원)	5,000원

▶ 주차요금 : 1,000~2,000원

이용 시간

• **불국사**
주중 | 오전 9시~ 오후 5시 30분
주말 및 공휴일 | 오전 8시~오후 5시 30분
매표 마감 | 5시 30분, 퇴장 시간 6시 30분
* 연중무휴, 반려동물 입장 불가

• **석굴암**
주중 | 오전 9시~ 오후 5시 30분
주말 및 공휴일 | 오전 8시~오후 5시 30분
매표마감 | 5시 30분, 퇴장시간 6시 30분.
* 연중무휴, 반려동물 입장 불가 / 사정에 의해 시간이 변동 될 수 있음 확인 후 입장 요망

기타 사항
▶ 불국사 홈페이지 www.bulguksa.or.kr 전화 054) 746–9913
▶ 석굴암 홈페이지 www.seokguram.org 전화 054) 746–9933
▶ 경주시청 문화관광과 culture.gyeongju.go.kr 전화 054) 779–6396

불국사와 석굴암은요……

우리나라의 대표적인 문화유산 하면 떠오르는 것은 무엇일까? 그래, 바로 불국사와 석굴암이야. 오늘 우리가 함께 돌아볼 바로 이곳이란다. 불국사와 석굴암은 이제 우리뿐만 아니라 세계가 인정한 문화유산이기도 하단다. 지금으로부터 약 1300여 년 전에 신라 사람들이 만든 유적이지. 그런데 그 옛날에 만든 건축물이 어떻게 지금까지 사람들을 감동시키고 세계적인 문화유산이 되었을까?

신라 시대, 특히 불국사와 석굴암을 지은 시기는 상류층이나 서민층에 상관없이 전 백성들이 불교 사업에 참여하는 분위기였단다. 일례로 의상대사의 제자인 진정법사는 자신의 전 재산인 다리 부러진 솥 하나를 선뜻 절 창건에 보시하고 출가했지. 뿐만 아니라 불국사를 창건한 김대성도《삼국유사》에 전해지는 이야기를 살펴보면 전 재산인 밭 한 뙈기를 흥륜사에 선뜻 보시했다고 해. 물론 국왕을 비롯해 귀족들도 불교 사업에 적극적으로 참여했단다.

이렇게 신라 시대에는 불교와 관련된 일에 전 백성들이 적극적으로 참여해 일체감을 보여 주었어. 당연히 그 당시 불교 미술의 수준은 높을 수밖에 없었지. 불국사와 석굴암은 이러한 사회적인 분위기 속에서 탄생한 불교 문화의 절정을 보여 주고 있다고 할 수 있어.

그럼, 함께 불국사와 석굴암이 어떤 모습인지 살펴보자꾸나!

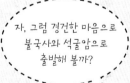

자, 그럼 경건한 마음으로 불국사와 석굴암으로 출발해 볼까?

한눈에 보는
불국사와 석굴암

자, 불국사와 석굴암이 한눈에 보이지?
먼저 불국사부터 보고 석굴암을 볼 거야.
그런데, 불국사와 석굴암이 유네스코의
세계문화유산으로 지정되어
있는 것을 알고 있니?
앞에서도 말했듯이 불국사와 석굴암이 세계적으로
인정받는 문화유산이라는 뜻이야.
그렇다면 어떤 점 때문에 세계적으로 인정을
받는 걸까? 모르겠다고? 그럼, 우리 함께
불국사와 석굴암이 얼마나 자랑스러운
우리의 문화유산이며,
왜 유네스코 세계문화유산으로 지정되었는지를
차근차근 알아보자꾸나!

불국사에 가는 방법

- 고속버스를 타고 간다면 경주행 버스를 타면 돼. 그리고 경주 버스터미널에 도착하면 불국사행 버스로 갈아타. 버스터미널에서 나와 길을 건너 버스정류장에서 10번, 11번 버스를 이용하면 불국사에 도착해.

- 기차를 타고 간다면 경주역이나 불국사역까지 가는 열차를 이용하면 된단다. 경주역에 도착하면 내려서 10번, 11번 버스를 이용하면 불국사에 도착해. 불국사 기차역에서는 출구에서 똑바로 150미터 정도 걸어가면 불국

사행 시내버스가 서는 정류장이 있어. 이곳에서 버스를 타면 불국사까지 간단다.

- 불국사에서 석굴암까지는 오전 10시부터 매시간 마다 셔틀버스가 운행된단다.

> 경주에 도착하면 터미널이나 역의 관광안내소에서 지도를 챙기고, 버스 노선을 알아보는 것도 잊지 마렴.

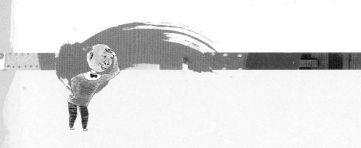

부처님의 나라
불국사

자, 이제 불국사 안으로 들어가 보자! 그 전에 불국사에 대한 이야기를 잠깐 들려 줄게. 우리가 지금 둘러보려고 하는 불국사는 아주 오래전에 지은 것이란다. 서기 750년대에 만든 것이니 지금으로부터 무려 1250여 년이나 된 절이지. 불국사는 신라의 김대성이라는 사람이 751년부터 만들기 시작했단다. 김대성이 774년 죽을 때까지도 공사는 계속 이어졌고, 김대성이 죽자 나라에서 마무리하고 완성했어.

완공 후 불국사는 아홉 차례에 걸쳐 수리 되었지. 그러다 조선 시대에 들어와서는 수난을 겪는단다. 임진왜란 때 상당 부분이 불타서 폐허에 가까운 사찰로 변하고 말지. 그 이후에도 여러 차례의 수리와 보수 작업이 이루어졌어. 그러다 1970년 대대적인 복원 공사를 통해 지금 우리가 보고 있는 것과 같은 모습을 갖추게 되었단다.

그런데, 이렇게 사연이 많은 불국사는 어떤 면에서 인류가 보호해야 할 유네스코 세계문화유산으로 지정을 받았을까? 불국사를 꼼꼼히 돌아보면 그 과학성과 아름다움 때문에 탄성이 나올 거야. 자, 불국사 안으로 발걸음을 옮겨 보자.

부처님을 만나러 가는 길

절에 가면 가장 먼저 접하게 되는 것이 무엇일까? 눈치가 빠른 친구들은 뭔지 금방 눈치챘을 거야. 맞아, 바로 일주문이지. 우리나라 어느 절에 가더라도 반드시 일주문을 지나 안으로 들어가게 되어 있단다.

절로 들어가는 문은 몇 개일까?

절에 가면 재미있는 점이 있어. 중요한 건물인 대웅전 앞마당까지 가려면 여러 개의 문을 지나야 한다는 거야. 절마다 조금씩 차이가 있지만 절안으로 들어가려면 일주문, 천왕문, 자하문, 인왕문 등을 지나야 해. 불국사에서는 일주문과 천왕문과 자하문을 지나면 절 안으로 들어가게 되지. 보통은 절의 경계를 나타내는 일주문, 절 마당으로 들어가는 큰 문, 그리고 수행하는 예배원으로 들어가는 중문이 있단다.

부처님 나라의 입구, 일주문

'불국사(佛國寺)'라는 현판이 달려 있는 문이 보이지? 불국사의 일주문이란다. 이제 이 문을 들어서면 부처님의 나라로 들어가는 거야. 일주문이 이렇게 서 있는 것은 '여기서부터 부처님의 나라다.'라는 뜻이거든. 인간 세계와 부처 세계의 경계라고 할 수 있어.

그런데 일주문을 왜 일주문이라고 할까? 일주라고 하는 한자를 풀이해 보면 '기둥이 하나'라는 뜻이야. 문을 살펴보면 양쪽으로 기둥이 한 개씩 서 있단다. 불국사의 일주문도 정말 그런지 자세히 살펴보렴. 그런데 우리나라 모든 절의 일주문이 이렇게 생긴 것은 아니야. 지방마다 절마다 조금씩 차이가 있지. 앞으로 절에 가면 그때마다 일주문을 비교해 보는 것도 재미있을 거야.

❋ **현판**
일주문 처마에 '불국사'라고 한자로 쓰여 있는 나무판이 현판이야. 우리나라 옛 건물에는 건물의 이름을 써 놓은 현판이 붙어 있단다. 현판의 글자는 오른쪽에서 왼쪽으로 읽지. 설마 '사국불'이라고 읽는 친구는 없겠지?

일주문
일주문에는 문짝이 달려 있지 않아. 부처님의 세계로 들어가고자 하는 사람은 누구나 들어오라는 뜻이 담겨 있어.

부처님 나라의 문지기가 있는 곳, 천왕문

일주문을 지나면 다음에 만나는 곳은 천왕문이야. 천왕문 안에는 사천왕이 있지. 눈이 부리부리하고 다소 우락부락하게 생긴 사천왕은 부처님의 나라를 지키는 문지기와 같아. 부처님이 살고 있는 수미산을 동서남북 네 곳에서 지키고 있지. 그런데 좀 무섭게 생겼다고? 부처님의 세계를 지키는데, 만만하게 보일 수는 없겠지? 하지만 자세히 살펴보면 그렇게 무서운 표정만은 아니란다. 사천왕들이 어떤 자세로 어떤 표정을 짓고 있는지 자세히 살펴보렴.

불국사 천왕문

세계의 중심, 수미산

사천왕이 수미산을 지킨다고 했지? 그렇다면 수미산은 어떤 곳일까? 수미산은 불교에서 말하는 상상 속의 산이야. 세계의 중심에 높이 솟아 있는 산으로, 부처님이 살고 있는 곳이지. 이 산의 동서남북 중턱에서 사천왕들이 출입하는 모든 생명을 감시하고 통제하고 있는 거야. 세계는 이 수미산을 중심으로 네 개의 대륙과 아홉 개의 산, 그리고 여덟 개의 바다가 있다고 해. 가기가 어렵겠다고 하지만 우리는 지금 천왕문을 지나왔으니 수미산으로 들어온 셈이란다.

여기서 잠깐!

동서남북 각각의 사천왕을 연결해 보아라!

천왕문 안의 사천왕상은 어떤 모습으로 서 있는지 다음을 읽어 보고 맞는 모습과 하는 일을 연결해 보아라.

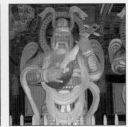

지국천왕
동쪽을 지키는 지국천왕은 착한 사람을 괴롭히는 나쁜 사람을 벌하지. 보통은 칼을 잡고 있지만 불국사의 지국천왕은 비파를 들고 있어.

광목천왕
서쪽을 지키는 광목천왕은 용과 여의주를 들고 있어. 광목이란 이름처럼 눈을 부릅뜬 모습을 한 채 나쁜 사람들에게 벌을 내려 반성하게 만들지.

증장천왕
남쪽을 지키는 증장천왕은 사랑을 다루는 가을의 신이면서 만물이 소생하게 힘쓰지. 경전마다 손에 들고 있는 지물이 다른데, 불국사의 증장천왕은 칼을 잡고 있어.

다문천왕
북쪽을 지키는 다문천왕은 탑을 들고 있지만 불국사에서는 칼을 들고 있어. 즐거움을 관리하는 겨울 신이지.

정답은 72쪽에

여기가 부처님의 나라로구나

천왕문을 지나면 앞으로 돌난간과 돌다리가 보이지. 이곳이 바로 '불국', 즉 부처님의 나라란다. 불국사를 자세히 돌아보면 부처님의 나라를 다 돌아보았다고 할 수 있어. 돌계단 하나하나, 불탑 하나하나, 그리고 건물 하나하나는 모두 부처님의 나라를 나타내고 있으니까.

불국사는 크게 세 부분으로 되어 있어. 하나는 석가모니부처님의 나라를 뜻하는 대웅전 일대, 그 다음으로는 아미타부처님의 나라를 나타내는 극락전 일대, 그리고 비로자나부처님의 나라를 표현한 비로전 일대란다. 각 구역에 세 부처가 살고 있는 셈이지. 이렇게 세 구역으로 나눠지는 불국사의 가람 배치는 불교 사상을 표현한 것이야. 바로 '불이사상'이지. 이것에는 '하나는 여럿이고, 여럿은 하나'라는 의미가 담겨 있어. 서로 다른 부처님을 모셨지만 결국 이 모든 부처는 하나라는 뜻이지. 그러면 각각의 구역에 있는 부처님은 어떤 모습으로 살고 있는지 들어가 보자꾸나.

불국사에 오신 여러분을 환영합니다.

✹ **가람**
스님이 지내는 사찰 안에 자리한 건축물을 말한단다.

⑩

⑪

⑬

⑯

비로자나부처님의 연화장 세계
여기는 비로자나부처님의 나라를 표현한 연화장의 세계야. 비로자나부처님은 큰 덕을 가지고 세상에 빛을 비추고 있다고 해. 그래서 비로자나부처님이 사는 연화장의 세계는 장엄하고 진리의 빛이 가득하단다. 이 세계는 큰 연꽃으로 되어 있어 연화장이라고 부르지.

석가모니부처님의 사바 세계
이곳은 석가모니부처님의 세계를 표현한 사바 세계야. 석가모니부처님은 스스로 깨달음을 얻어 중생을 구제하려 이 곳에 머물지. 사바 세계는 곧 사람들이 갖가지 고통을 참고 견디며 살아가야 하는 이 세계를 말해. 신라 사람들은 석가모니부처님의 세계를 가장 중요하게 여겨 다른 부처의 세계보다 크게 표현해 놓았단다.

아미타부처님의 극락 세계
여기는 아미타부처님의 나라를 표현한 극락 세계야. 아미타부처님은 깨달음을 얻어 중생을 구제하겠다는 뜻을 품고 오랫동안 수행한 결과 그 뜻을 이뤄 지금부터 10겁 전에 부처가 되어 현재 극락에 머물고 있다고 해. 극락은 우리가 사는 세계에서 서쪽으로 십만억 불토를 지나간 곳에 있단다. 아미타부처님이 머물고 있는 이곳에는 고통이 없고, 즐거움만 있으며 모든 것이 잘 돌아가 자유롭고 편안하게 지낼 수 있다고 하지.

와우!
여기가 부처님의
나라로구나!

❶ 청운교　　❺ 범영루　　❾ 무설전　　⓭ 극락전
❷ 백운교　　❻ 석가탑　　❿ 관음전　　⓮ 안양문
❸ 자하문　　❼ 다보탑　　⓫ 비로전　　⓯ 연화교, 칠보교
❹ 좌경루　　❽ 대웅전　　⓬ 회랑　　　⓰ 해탈문

부처님 나라로 올라가는 문

우리가 불국사에서 가장 먼저 만나는 세계는 석가모니부처님의 세계야. 천왕문을 지나서 조금만 걸어오면 눈앞으로 높게 쌓아올린 돌다리가 보이고, 다리 위에는 커다란 문이 사람들을 기다리고 서 있지. 문 양옆으로는 누각이 앞으로 불쑥 튀어나와 있어.

그럼, 이 모양새를 자세히 관찰해 볼까? 2단으로 높게 놓여 있는 다리 중 아래쪽의 것은 청운교이고, 위쪽의 것이 백운교란다. 보통 구름다리라고 하는 이 다리는 아래위 모두 합쳐 33개의 계단으로 구성되어 있지.

그런데 다리를 왜 2단으로 만들어 놓았을까? 이것은 부처님의 세계

범영루
자하문의 왼쪽에 자리하고 있는 누각이야. 좌경루와 비교해 보면 기둥 장식이 더 화려한 것을 알 수 있단다.

자하문
이곳을 지나면 세속적인 인간의 세계에서 부처님의 세계인 '불국'으로 들어가게 되는 거란다. 지금의 건물은 1781년에 새로 지은 것이지만 문지방돌이나 주춧돌 등은 신라 시대의 것으로 보이지.

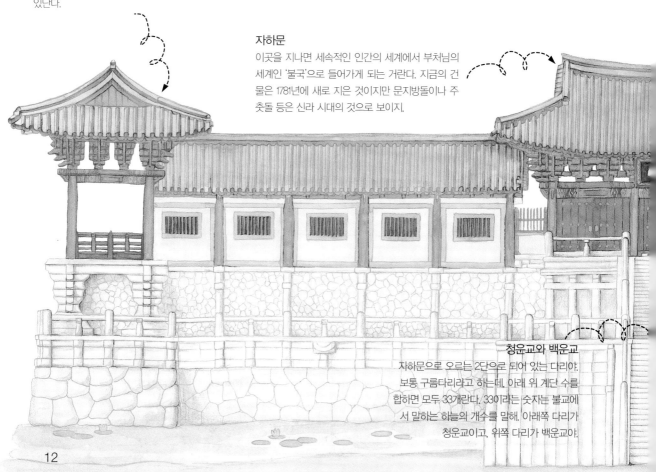

청운교와 백운교
자하문으로 오르는 2단으로 되어 있는 다리야. 보통 구름다리라고 하는데, 아래 위 계단 수를 합하면 모두 33개란다. 33이라는 숫자는 불교에서 말하는 하늘의 개수를 말해. 아래쪽 다리가 청운교이고, 위쪽 다리가 백운교야.

가 더 높고 먼 곳에 있다는 것을 강조해 신비감을 더해 주려는 의도라고 할 수 있어. 다리를 올라가서 자하문을 지나면 석가모니부처님의 사바 세계로 들어가게 되거든.

이제 높다란 다리 앞에 서서 자하문을 한번 올려다보렴. 자하문을 중심으로 오른쪽과 왼쪽에 누각이 튀어나와 있는 게 보일 거야. 똑같은 모양인 듯하지만 누각을 받치고 있는 기둥을 보면 고개가 갸우뚱거려질 거야. 기둥의 장식을 서로 다르게 해 놓았거든. 범영루의 기둥은 화려하고 장식이 큰 반면에 좌경루의 기둥은 소박하게 정돈되어 있지. 왜 이렇게 다르게 만들어 놓았을까? 그 얘기는 부처님 나라로 들어가서 들려줄 것이니 잠시 접어 두고 그 아래쪽의 석축 얘기를 먼저 하자꾸나.

무지개 모양을 본뜬 다리

청운교를 자세히 보면 안쪽이 동그란 아치형인 것을 볼 수 있어. 이런 다리를 무지개 모양을 닮았다고 해서 '홍예다리'라고 하지. 홍예다리는 양끝이 처지고 가운데가 무지개처럼 굽어 있는 모양의 다리를 말해. 청운교를 이렇게 만들어 놓은 이유는 다리 안쪽으로 물이 흘렀기 때문이란다. 지금은 연못이 사라지고 없지만 예전에는 연못이 있었지. 반면에 백운교의 홍예 부분으로는 사람이 지나다녔다고 해.

좌경루
범영루에 비해 기둥 장식이 단순한 것을 알 수 있지. 지금의 좌경루는 조선 말기에 사라졌던 것을 1970년대에 다시 만들어 놓은 것이란다.

여기는 부처님 나라로 들어가는 관문이란다.

영지
지금은 없지만 예전에는 이곳에 연지라는 연못이 있었어. 인간 세계와 불교 세계를 구분하는 뜻이 담겨 있어.

석축
위의 것은 최근에 쌓았고, 아래의 것은 신라 시대에 쌓은 모습 그대로야.

부처님의 나라를 떠받치고 있는 구름

석축은 돌로 쌓은 축대를 말해. 이 석축 위에 만들어 놓은 부처님의 세계가 바로 불국이란다. 이렇게 쌓은 석축 아래, 우리가 서 있는 곳은 아직 깨달음에 이르지 못한 보통 사람들이 살고 있는 세계야. 불국사가 다른 절들과 구별되는 점은 바로 아까 말한 구름다리와 이 석축에 있다고 할 수 있어. 석축을 자세히 보면 아래쪽과 위쪽이 다른 모양을 하고 있어. 아래쪽은 자연 그대로의 바윗돌을 사용한 반면 위쪽은 아기자기하게 깎은 돌을 사용해서 쌓았어. 그래서 아래쪽은 자연스러운 아름다움이 느껴지지만 사람의 손길이 묻어나는 위쪽은 인공미가 돋보여. 이 석축은 자연미와 인공미의 조화를 느낄 수 있는 불국사의 대표적인 예이지. 그런데, 석축을 가만히 들여다보고 있으면 마치 구름같이 느껴진단다.

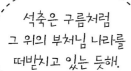

석축은 구름처럼 그 위의 부처님 나라를 떠받치고 있는 듯해.

작은걸음 **큰** 생각

과학적인 전통 건축 방법, 그랭이질

얼핏 보면 석축은 크기가 각양각색인 돌들을 제멋대로 쌓아 놓은 것 같을 거야. 하지만 자세히 보면 돌의 결을 따라 서로 맞물리게 쌓아 놓은 것임을 알 수 있지. 바로 그랭이질이라고 하는 전통 건축 방법이야. 그랭이질은 갖가지 모양의 돌들을 잘 꿰어 맞춰 쌓은 후 마무리할 때에도 쌓은 돌들을 편평하게 깎지 않고 마무리 돌의 아래쪽을 쌓은 돌의 윤곽을 따라 깎고 다듬어 서로 잘 맞물리도록 했어. 그

러면 쌓은 돌과 마무리돌의 닿는 부분이 꼭 맞아서 어떤 흔들림에도 끄떡없게 돼. 천년이 넘는 세월 동안 그 모습이 그대로 유지된 것은 이런 건축 기술 덕분이란다.

마무리돌

부처님의 나라를 떠받치고 있는 구름 말이지. 신라 사람들이 이렇게 석축을 쌓은 것은 부처님 나라를 더욱 경건하게 표현하기 위해서란다. 즉, 불국사는 하늘이고, 석축은 하늘을 떠받치고 있는 구름인 셈이야. 신라 사람들의 생각을 엿볼 수 있는 부분이지.

이 석축 한가운데 놓여 있는 다리를 따라 올라가면 바로 신라 사람들이 꿈꾼 부처님의 나라로 들어가게 되는 거야. 하지만 안타깝게도 지금은 이 다리를 따라서 올라가지 못해. 사람들이 많이 지나다니면 망가질 위험이 있어서 막아 놓았거든. 대신 오른쪽으로 돌아서 들어가도록 해 놓았어. 자, 그럼 부처님의 나라를 어떻게 만들어 놓았는지 들어가 볼까?

석축을 왜 쌓았을까?

불국사에 석축을 쌓은 것은 자리가 토함산의 산기슭이기 때문이야. 경사진 산기슭을 깎고 석벽을 쌓아 평지를 만들고 그 위에 건물을 세운 것이지. 이렇게 자연 지형의 높낮이를 적절하게 이용해서 불국사의 세 구역을 서로 다른 높이로 다듬은 것은 불교 사상을 적용해 구역마다 다른 세계를 표현했기 때문이기도 하지. 어쨌든 이렇게 산기슭에 들어앉은 절을 '산지가람'이라고 한단다.

여기서 잠깐!

자연미와 인공미를 비교해라!

자하문 쪽 석축을 보면 아래쪽과 위쪽이 다른 모양이야. 아래쪽은 커다란 바윗덩어리를 그대로 쌓아올려 자연미가 돋보이고, 위쪽은 아기자기하게 사람의 손으로 다듬은 작은 돌을 쌓아 인공미가 돋보인단다. 이 두 개의 느낌이 어떠니? 꼼꼼히 살펴보고 친구들과 느낌을 이야기해 봐!

사람의 손으로 다듬은 돌을 쌓은 석축

자연 그대로의 돌을 쌓은 석축

깨달음을 얻은 부처님의 세계

자하문을 보고 오른쪽으로 돌아 대웅전 앞마당으로 가 보자. 이곳이 바로 부처님의 세계야. 여기에서 가장 먼저 눈에 띄는 것은 무엇일까? 그래, 석가탑과 다보탑이야. 그런데 두 탑을 자세히 들여다보면 상당히 다르다는 것을 알 수 있어. 석가탑이 단순하고 위로 솟구치듯 날렵한 멋이 있다면, 다보탑은 장식이 많고 복잡하고 화려하지. 언뜻 보면, 두 석탑이 서로 비대칭을 이루며 서 있는 느낌이 들 거야. 하지만 불국사 전체를 두고 생각해 보면 석가탑과 다보탑을 서로 다르게 만들어 놓은 데에는 다 이유가 있단다. 자, 그렇다면 두 석탑은 어떻게 다른지, 왜 그렇게 만들어 놓았는지 한번 꼼꼼히 알아볼까?

소박하면서도 세련된 석가탑

서쪽에 서 있는 석가탑을 먼저 보자! 석가탑은 아무런 장식도 없지만 왠지 중후하고 안정적인 느낌을 받게 되지? 왜일까? 각자 느끼는 바는 다르겠지만 한 가지 면을 본다면, 바로 기단이 전체 탑의 크기에 비해 큼지막하다는 거야. 든든한 기단 위에 탑신이 서 있으니 당연히 안정적인 느낌을 주지. 특히 위로 갈수록 점점 작아지게 만

그림자를 비추지 않은 탑, 무영탑

석가탑에는 아주 슬픈 이야기가 전해지고 있어. 불국사를 창건한 김대성은 기술이 뛰어난 석공 아사달을 불러 석가탑을 만들게 했어. 그런데 작업은 길어져 한 해 두 해가 지나갔지. 아사달의 아내 아사녀는 남편이 돌아오기를 기다리다 불국사로 찾아왔어. 하지만 탑을 짓는 도중에는 만날 수 없었어. 이를 안타까워한 스님은 석탑이 완성되면 영지라는 연못에 그림자가 비칠 것이니 그곳에 가서 기다리라고 했지. 아사녀는 영지라는 연못에서 그림자가 나타나기를 기다렸지만 시간이 지나도 그림자가 비치질 않자 그만 연못에 뛰어들어 죽고 말아. 한편, 탑을 완성한 아사달은 아사녀가 왔다는 소식을 뒤늦게 알고 영지로 가지만 아사녀는 없고 단지 영지에서 커다란 바위가 올라왔어. 아사달은 슬픈 마음에 그 바위에 아사녀를 조각해 넣었는데, 나중에 보니 부처님 얼굴이었다고 해. 이런 이야기가 전해지는 석가탑은 그림자를 비추지 않은 탑이라고 해서 '무영탑'이라고 불리기도 한단다.

영지

영지불상

들어서 더욱 안정적인 느낌을 준단다. 석가탑은 전체 3층으로 되어 있는데, 그중 1층의 높이가 가장 높고, 2층은 1층보다 4분의 1 정도에 불과하고, 다시 3층은 2층보다 약간 줄어든 높이란다. 그래서 전체적으로 비례가 안정적이고, 아무런 무늬가 없지만 소박하면서도 세련된 아름다움이 느껴진단다. 잘 모르겠다고? 그럼, 한걸음 뒤로 물러서서 석가탑의 전체 모양을 한번 천천히 감상해 보렴.

석가탑

석가탑은 사바 세계의 석가모니부처님을 상징하는 탑이야. 즉, 탑이 곧 부처님을 뜻하는 셈이지. 그래서 아무런 장식을 하지 않았단다.

상륜 부분

상륜부는 온전한 모습을 하고 있지만 일부 훼손되어 있던 것을 실상사삼층석탑의 상륜부를 본떠서 새로 만든 것이야.

옥개석(지붕돌)

이것이 몇 개가 있는지를 봐서 탑이 몇 층인지를 세는 거란다. 옥개석은 지붕돌이라고 하는데, 하늘로 날개를 펼치듯 돌의 끝부분이 위로 살짝 뻗어 있는 것을 알 수 있어.

탑신 부분

몸돌과 지붕돌 각각 한 개씩의 돌로 쌓아 놓았어. 그리고 각 층의 4개 모서리마다 따로 돌을 세워 놓았지. 1층이 가장 높고 2, 3층은 1층보다 매우 낮은 구조로 만들어 놓아서 안정적으로 보인단다.

연화석

석가탑을 중심으로 모두 여덟 개가 놓여 있는 연꽃 모양 돌이란다. 팔방금강좌라고도 하지. 이것에는 부처님이 팔방의 많은 나라를 불교의 나라로 바꾼 뒤에 제자들에게 이곳에 앉아서 지켜보라고 했다는 이야기가 서려 있어.

기단 부분

탑의 다른 부분보다 크게 만들어 놓아 석가탑을 매우 안정적으로 보이게 해 준단다.

아름답고 화려한 다보탑

자, 그럼 이제 다보탑을 볼까? 동쪽에 있는 다보탑은 석가탑과는 달리 아름답고 화려하기 이를 데 없는 탑이란다. 탑의 형태도 매우 복잡하지. 네모난 기단에 사방으로 계단이 설치되어 있으며, 계단 위 탑신의 네모난 방에 사방으로 출입문이 마련되어 있지.

이 위로 옥개석이라고 부르는 지붕돌이 얇고 날렵하게 펼쳐져 있어. 다시 그 위로 세 겹의 난간이 놓여 있지. 난간 안에는 8각방이 들어 있고, 방 위의 장식 연꽃을 지나면 8개의 기둥 머리가 용머리처럼 뻗어 있지. 이 기둥은 그 위 8각 지붕돌을 받치고 있단

짝꿍을 잃어버린 돌사자상

지금은 다보탑 1층 탑신 서쪽에 사자상 한 개가 남아 있을 뿐이지만 원래는 동서남북 사방에 모두 돌사자상이 있었다고 해. 일제 강점기 때 해체하고 복원하는 동안 일본인들이 몰래 가져간 것으로 알려져 있지. 사자상은 자세히 보면 세련되고 사실적인 모습이 꽤 멋지단다. 정말 한 마리밖에 없는지, 그리고 어느 쪽에 있는지 불국사에 왔다면 살펴보렴!

지붕돌(옥개석)

이 두 개가 다보탑의 옥개석, 즉 지붕돌로 추측되지. 그래서 2층이라고 할 수 있어. 하지만 다보탑을 4층이라고 보는 사람도 있단다.

기단 부분

탑의 기초 부분을 나타내는 기단에 동서남북으로 10개씩의 계단을 설치해 놓았어. 이 10개의 계단은 인간이 근본적인 도리를 실천할 때 나타나는 덕을 상징한다고 해.

다보탑

다보탑은 다보여래를 상징하는 탑이야. 다보탑을 이렇게 화려하게 표현한 이유는 다보여래가 다보, 즉 많은 보석을 걸친 부처였기 때문이란다.

이게 두공이지.

이게 기둥이야.

다. 아래에서부터 다시 살펴보면 사각형에서 팔각형으로, 그리고 팔각형에서 원으로 모양을 바꾸면서 탑을 쌓았어. 이는 사각형과 팔각형, 그리고 원형을 통해 땅과 인간, 그리고 하늘의 조화를 표현한 것이야. 이처럼 다보탑은 기묘하면서도 세련되고, 우아하면서도 화려한 석탑의 극치를 보여 주고 있지.

그런데 다보탑은 모양이 복잡해서 언뜻 보면 몇 층인지 잘 알 수 없단다. 하지만 자세히 보면 금방 알 수 있지. 탑이 몇 층인지는 옥개석이 몇 개인지를 살펴보면 돼. 다보탑이 매우 복잡해 보이지만 옥개석은 1층과 2층에 각각 1개씩밖에 없지. 옥개석은 이를 받치고 있는 기둥과 그 위의 두공이 있어야 해. 이런 기준에서 보면 다보탑은 옥개석이 2개밖에 없으며, 나머지는 모두 탑신, 곧 탑 몸체의 장식들이니 2층탑이라고 할 수 있단다.

✤ 두공
큰 목조 건물에서 기둥 위에 지붕을 받치도록 짜올린 구조물을 말해.

석가탑과 다보탑은 왜 여기에 나란히 서 있을까?

이처럼 석가탑과 다보탑은 서로 다른 모습으로 서 있지. 그런데 이렇게 다른 모양의 탑을 왜 이곳에 나란히 세워 놓았을까? 불국사에 이 두 탑을 배치한 것은 불교의 경전인 법화경의 사상을 표현한 것이기도 해. 법화경에는 이런 이야기가 있어. 세상에는 많은 부처

대웅전 앞에 나란히 서 있는 석가탑과 다보탑

님이 있는데, 그중 석가모니부처님이 영축산에서 경전을 이야기하고 있을 때 이를 보고 경탄해 마지않던 '다보'라는 부처님이 다보탑을 타고 땅에서 솟아올라 자신이 앉아 있던 자리 반을 석가모니부처님에게 내어 주고 나란히 앉아 설법하게 했다는 이야기야. 이 이야기는 진리란 둘이 아니라 하나이며 과거와 현재는 따로 된 것이 아니고 함께한다는 것을 말하고 있단다.

불탑에 관한 이모저모

어떤 절에 가더라도 항상 볼 수 있는 게 있어. 뭐냐고? 바로 불탑이란다. 그런데 절에는 왜 탑이 있는 걸까? 절을 아름답게 꾸미기 위해 세운 걸까? 아니란다. 원래 불탑은 고대 인도에서 만들기 시작했어. 고대 인도에서는 부처님이 열반에 든 후, 시신을 화장하고 남은 사리를 가지고 불교를 일으키기 위해 불탑을 만들었어. 부처님의 사리를 모시기 위해 탑을 만들기 시작한 거지. 그래서 탑에 사리가 없으면 진짜 탑이 아니라고 할 수 있어. 즉, 절에 불탑이 있는 것은 바로 부처님의 사리를 모셔 예불을 드리기 위해서란다.

사리는 부처님의 몸을 화장한 뒤에 남은 구슬 모

사리는 부처님의 몸을 화장하고 남은 구슬 모양 돌을 말해. 사리가 있는 탑이 진짜 불탑이지.

양의 돌을 말해. 그렇다고 꼭 부처님의 사리만을 안치한 것은 아니야. 손톱이나 머리카락, 치아 등 부처님과 관계되는 것이면 무엇이나 모셔두고 부처님을 대신해 예불을 올렸어. 그래서 절마다 적어도 하나 이상의 탑들이 서 있단다.

　　탑은 탑을 만드는 재료에 따라 벽돌탑, 목탑, 석탑, 금속탑 등이 있단다.

탑 안에 보물도 보관했다고?

절에 있는 탑에는 여러 가지 보물을 넣어 두었어. 원래는 부처님의 사리를 봉안하는 용도이지만 사리가 없을 수도 있기 때문에 머리칼이나 손톱·발톱·치아 등을 봉안하기도 했어. 그리고 불경이나 수정·금은 등의 보물들도 봉안했어. 보통 사리는 작은 병이나 합에 넣고, 이 병을 다시 내함과 외함에 차례로 넣어 사리 그릇에 봉안해. 특히 사리를 넣는 사리 그릇은 최상의 재료와 최고의 기술로 만들었단다. 그래서 신라 시대에 나온 사리 그릇 중에는 정교하고 화려한 걸작품들이 많아.

여러 가지 불탑

송림사 5층전탑

송림사에 있는 통일신라 시대 벽돌탑이야. 벽돌탑은 인도에서 가장 많이 만들었어. 인도에는 석재나 목재보다 벽돌 재료를 쉽게 구할 수 있었거든. 인도의 영향을 받아 중국에서도 벽돌탑을 많이 만들었어.

쌍봉사 대웅전(3층목탑)

이 사진은 불타기 전의 모습이란다. 나무탑은 중국에서 크게 유행했지. 나무탑은 재료를 다루기 쉬워서 돌탑이나 벽돌탑보다는 화려하고 장식도 많단다. 우리나라에는 현재 법주사 팔상전과 쌍봉사 대웅전에만 일부 남아 있지.

감은사지 석탑

돌탑, 즉 석탑은 우리나라의 대표적인 탑이야. 우리나라에는 화강암 같은 단단한 돌이 많이 있기 때문이지. 부여 정림사 5층 석탑, 익산 미륵사 석탑을 비롯해 감은사 동서쌍탑, 황복사 3층 석탑, 실상사 동서 3층 석탑 등 셀 수 없이 많단다.

깨달음을 얻은 부처님이 계신 곳

　　다보탑과 석가탑을 지나 세상의 어둠을 밝히는 석등을 거치면 바로 현생에서 깨달음을 얻은 석가모니부처님을 모셔 놓은 건물이 있어. 바로 대웅전이지. 그럼, 먼저 안을 들여다보기 전에 건물의 겉모습을 보자꾸나!

　　기둥과 지붕 사이에 용머리가 있는 것이 보일 거야. 용이 물고기를 물고 있는 모습이지. 그런데 왜 기둥 앞에 용머리를 만들었을까? 옛날 사람들은 부처님이 있는 법당을 배라고 생각했단다. 이 배를 불교에서는 '반야용선'이라고 불러. 부처님은 이 배를 타고 사람들을 이끌고 극락 세계로 갔다고 생각한 것이지. 그래서 반야용선을 상징하는 용머리를 지붕 아래에 만들어 놓았단다.

지붕
대웅전의 지붕은 팔작지붕이지. 팔작지붕은 옆에 세모 모양의 합각이 생기게 지은 것을 말해.

대웅전 합각

기둥
기둥은 기둥머리, 기둥몸, 기둥뿌리의 굵기가 똑같은 민흘림 기둥이야. 그 위에 단청을 칠해 복잡하게 짜 넣은 것이 공포라고 하는 부분이야. 특히 앞부분에 용 한 마리씩을 아래로 내려다보게 짜 넣은 것이 재미있단다.

석등

그럼 건물 안을 한번 들여다볼까? 안에는 수미
산 모양의 불단 위에 세 개의 불상이 놓여 있지.
이 불상들은 모두 나무로 만들었어. 가운데 있
는 것이 석가모니부처님이고 양옆으로 있는
것은 보살이란다. 석가모니부처님은 보리수
아래서 스스로 깨달음을 얻어서 부처님이 되
었단다. 우리도 깨달음을 얻으면 부처님이 될
수 있지. 그래서 불교에서는 누구나 깨달음
을 얻으면 부처가 될 수 있다고 한단다. 자,
그럼 석가모니부처님이 사는 나라에 들어왔으
니 우리도 함께 깨달음을 얻어 보자꾸나.

대웅전의 불상과 보살상
가운데 있는 것이 석가모니부처님. 왼쪽에 있는 것이 제화갈라보살.
그리고 오른쪽에 있는 것이 미륵보살이란다.

그런데 대웅전을 왜 대웅전이라고 부를까? 보통 절에서 중심이 되
는 부처님을 모신 건물을 금당이라고 해. 부처님은 반드시 금빛 광채

대웅전

조선 후기, 18세기 불교 건축의 장엄한
아름다움이 가장 잘 나타난 건물 가운데
하나야. 불국사 창건 때 세워진
대웅전은 임진왜란 때 불타버린 것을
1660년(현종 1)에 다시 세웠고, 1세기
후인 1765년(영조 41)에 또 다시 세운
것이야.

석조 기단
8세기 중엽 창건 때의 것으로 1천 년이 넘게 이 자리를
지켜왔단다. 그때의 건축 양식을 엿볼 수 있지. 한번 가
서 만져 보렴. 신라 석공의 숨결이 느껴질지도 모른단
다.

처마 밑의 용을 찾아라!

대웅전 처마 밑을 보면 용 두 마리가 달려 있어. 그리고 용들은 각각 물고기와 여의주를 물고 있단다.

각각의 용들이 어디에 있는지 찾아보렴. 그런데 용은 보통 여의주를 물고 있는데, 대웅전 아래 하나의 용은 왜 물고기를 물고 있을까? 그건 물고기가 밤에 잠을 잘 때도 늘 눈을 감지 않는 모습을 보고, 항상 눈을 뜨고 중생을 구제하는 데 힘을 쓰라는 부처님의 말씀을 담아 놓은 것이란다.

쉿! 여기서는 조용히 해야 해. 이곳은 무설전, 즉 말이 없는 집이거든.

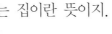

를 비춘다고 해서 '금인' 또는 '금선'이라고 부르지. 그래서 부처님이 있는 집을 '금당'이라고 한다. 그러다 고려 후기와 조선 시대가 되면서 부처의 이름에 따라 금당의 명칭이 따로 정해졌어. 석가모니부처님을 모셔 놓은 건물이면 대웅전, 아미타부처님을 모셔 놓았으면 무량수전이나 극락전, 약사불을 모셔 놓았으면 약사전, 관음보살을 모셔 놓았으면 원통전이라고 부르지. 대웅전 같은 경우는 불교 경전 중의 하나인 법화경에서 부처님을 '큰 영웅', 즉 대웅(大雄)이라고 한 것에서 유래했단다. 그러니까 대웅전은 석가모니부처님이 사는 집이란 뜻이지.

말이 없는 곳, 무설전

대웅전을 돌아보았으면 이제 그 뒤로 돌아가 보자. 그곳에는 길쭉하게 생긴 건물이 있지. 건물의 현판을 읽어보자. 무설전(無說殿)! 무설전이란 말이 없는 집이란 뜻이야. 말이 없다니 무슨 뜻일까? 그건 세상의 진리란 말로 다 표현할 수 없다는 거지. 말로 표현하는 진리라면, 뜬 구름과 같은 거야. 그러니 진리를 말로 표현하기보다 자신의 마음을 다스려 열심히 부처님의 가르침을 배우라는 뜻이란다.

무설전
스님들이 공부를 하고 설법을 하는 장소란다.

연꽃 속 세상, 연화장의 세계

무설전 뒤로 돌아가면 가파른 계단이 나온단다. 이 가파른 계단 위에는 또 다른 부처님의 세계가 기다리고 있어. 그런데, 왜 이렇게 가파르게 계단을 만들어 놓았을까? 거기에는 깊은 뜻이 있지. 가파르게 이어진 이 계단을 오르는 것처럼 부처님의 가르침을 수행하기는 어렵다는 것을 말해 주고 있는 거야. 그렇다고 여기에서 멈출 수는 없지? 힘내서 올라가 보자. 위험하니, 장난은 금물.

계단을 어렵사리 오르면 관세음보살이 안치되어 있는 관음전이 나오고, 다시 왼쪽으로 내려가면 비로자나부처님이 살고 있는 비로전이 나와. 이 두 구역을 함께 아울러 연화장의 세계라고 표현해. 연화장의 세계는 공덕이 한량없고 광대하며 장엄한 세계를 말하지. 이 세계는 큰 연꽃으로 되어 있고, 그 가운데 큰 우주가 들어 있다고 해. 자, 그럼 관세음보살과 비로자나부처님이 있는 연화장의 세계를 살펴보자!

관음전
안을 들여다보면 관세음보살상이 사람들을 반기고 있어.

관세음보살이 있는 관음전

1969년에 찍은 불국사 전경
1969년 9월 1일의 사진이야. 안양문과 자하문을 잇는 회랑이 없고 관음전도 보이지 않는구나.

관음전은 불국사에서 가장 높은 곳에 있단다. 이 건물은 여러 차례 보수를 하다가 조선 시대 이후 언제부터인지 모르지만 무너진 채로 내려오다가 1973년 불국사의 대대적인 복원공사 때 새로 복원했단다. 그래서 복원 이전의 사진을 보면 이 건물은 보이지 않아. 관음전 안에는 신라 경명왕 6년인 922년에 경명왕의 왕비가 낙지공이라는 사람에게 명

❋ 전단향목
인도산 향나무를 말해. 나무
의 향기가 좋아 불상 조각에
많이 사용했어.

해서 전단향목으로 만들게 한 영험한 관음보살상이 있었다고 해. 하지만 지금은 원래의 것은 사라지고 후에 다시 만든 것이 대신 자리하고 있단다. 이렇게 관세음보살상을 안치시켜 놓아 이 건물을 관음전이라고 해.

비로자나불이 있는 비로전

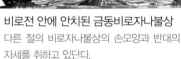

불은 누구고, 보살은 누구일까?
관세음보살, 아미타불, 미륵보살, 석가모니불 등 절에 가 보면 이렇게 여러 가지 이름의 불상과 보살상 등이 있어. 그런데 보살과 불은 어떻게 다를까? '여래'라고도 하는 불은 '각자', 즉 진리를 깨달은 사람이나 진리에 도달한 사람이라는 뜻으로 부처님을 뜻하지. 반면 보살은 진리를 깨닫기 위해 힘쓰는 자라는 뜻으로, 부처가 되기 전이기 때문에 끊임없이 수행을 해야 하지. 부처와 보살은 모습에도 차이가 있단다. 보리수나무 아래서 깨달음을 얻어 출가한 부처는 단순하고 소박한 모습을 하고 있지만, 아직 깨달음을 얻지 못한 보살은 머리에 관을 쓰고, 몸에는 하늘을 날 수 있는 천의를 걸치고 있으며, 귀걸이나 목걸이 같은 장신구를 차고 있고, 연꽃이나 구슬 등을 손에 들고 있는 경우가 많아.

관음전을 다 돌아보았으면 옆으로 놓여 있는 계단을 내려가 보자. 바로 보이는 건물이 비로전이란다. 비로전은 비로자나부처님을 모셔 놓은 집을 말해. 비로자나불을 만나면 깨달음의 세계에 좀더 가까워졌다고 할 수 있단다. 비로자나불은 화엄경의 중심이 되는 부처님으로 진리와 빛을 상징하거든. 자, 비로전에서 비로자나불이 보여 주는 진리의 세계와 만나보렴.

비로전 안에 안치된 금동비로자나불상
다른 절의 비로자나불상의 손모양과 반대의 자세를 취하고 있단다.

여기서 **잠깐!**

오랫동안 변치 않는 불국사 전경을 찍어라!

불국사의 모습은 처음 지어질 때와 많이 달라졌어. 그동안 보수하고 다시 짓고 한 부분이 많거든. 그런데 이곳 관음전에서 불국사를 내려다보는 모습은 신라 시대와 별로 달라진 것이 없단다. 관음전 담장을 배경으로 불쑥 솟아오

관음전에서 바라 본 다보탑

른 다보탑의 모습을 보면 마치 신라 시대로 간 듯한 느낌이 들 거야. 위 사진을 참고로 관음전에서 신라 시대를 상상하며 멋진 다보탑의 모습을 찍어 보렴.

절 안에 이처럼 비로자나불상을 모셔 놓은 건물을 따로 만든 것은 불국사가 화엄경의 영향을 많이 받았기 때문이야. 비로자나불은 불교의 경전 중 하나인 '화엄경'에서 중심이 되는 부처님이거든.

비로전에는 또다른 안타까운 사연이 얽혀 있지. 비로전 건물 왼편에 서 있는 **부도**와 관련된 이야기야. 전각 안에 있는 이 부도는 원래 비로전 정면 마당에 서 있었단다. 그런데 지금은 제자리를 잃고 서쪽으로 옮겨져 있어. 거기에는 우리의 아픈 역사와 관련이 있단다. 1905년 일본이 우리나라에서 국권을 유린할 때 이 탑을 약탈해서 일본으로 가져갔어. 그리고 도쿄에 있는 우에노 공원에 한 동안 세워 두었지. 그러다 1934년에야 우리나라로 다시 반환했단다. 그 과정에서 자리가 옮겨진 거야.

그런 우여곡절을 겪었지만 이 탑에는 여전히 아름다운 모습이 남아 있어. 무엇보다도 전면에 걸쳐서 아담하고 정교하게 무늬가 새겨져 있는 것이 특징이지. 하지만 훼손된 부분이 아직 복원되지 않아 본래의 완벽한 아름다움을 감상하기는 어려워 안타까울 따름이야.

비로전
이 건물은 언제인지 모르게 사라진 것을 1973년 복원공사 때 다시 지은 것이란다.

✿ **부도**
스님의 사리나 유골을 보관해 놓은 묘탑을 말해.

불국사 부도
기단 위에 작고 아담한 탑의 몸체를 올렸어. 몸체 4면에는 얕게 파서 불상 2구와 보살상 2구를 새겨 놓았지.

아미타부처님의 나라, 극락 세계

비로자나부처님이 비추는 빛을 잘 받았니? 그러면 어떻게 될까? 그래, 편안하고 자유로운 세계에 다다르게 된단다. 바로 아미타불이 깨달음을 얻어 이룬 세계인 극락이지. 부처님의 진리가 가득해서 아무런 고통이 없는 곳이야. 자, 그럼 우리 함께 불국사에 표현해 놓은 극락 세계로 들어가 보자꾸나!

극락 세계를 담아 놓은 극락전

비로전을 내려오면 다시 무설전이 나와. 무설전 뒤에서 오른쪽으로 돌아서 회랑으로 난 문을 내려가면 극락전이 나온단다. 극락전이 있는 곳은 불국사의 제2예배원이야. 대웅전이 있는 제1예배원인 금당원보다 조금 낮으며 서쪽에 위치해 있어.

그런데 지금 우리가 볼 수 있는 극락전 건물도 처음에 지어진 그대로의 것은 아니란다. 조선 시대 임진왜란이 일어났을 당시 우리의 많은 문화유산이 훼손되었는데, 이것도 그 과정을 겪었어. 그때 불타 버린 후 1750년(영조 26)에 오환, 무숙 스님 등이 다시 세워 오늘에 이른 것이지.

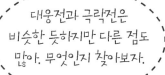

대웅전과 극락전은 비슷한 듯하지만 다른 점도 많아. 무엇인지 찾아보자.

극락전
대웅전과 비슷하지만 덜 화려하지. 아마도 대웅전보다 훨씬 나중에 지어진 듯해.

그렇다면 과연 극락 세계란 어떤 곳을 말하는 걸까? 아미타부처님이 다스리는 극락 세계는 서쪽에 있다고 하지. 그래서 서방 극락 세계 혹은 서방 극락 정토라고 불러. 이곳은 모든 중생들이 근심, 걱정 없이 편안하게 살 수 있는 곳이라 하여 '안양국' 또는 '안락국'이라고도 한다. 아미타부처님에 대해 써 놓은 《아미타경》을 보면 극락 세계는 사바 세계로부터 서쪽으로 십만 억의 세계를 지나야 있다고 해. 감히 상상도 할 수 없을 만큼 먼 곳에 있지. 그만큼 도달하기 어렵다는 뜻이야.

와, 사진을 멋지게 찍어 볼까?

극락 세계로 가는 반야용선

반야용선도
극락전 건물 안을 들여다보면 한쪽 벽에 이 그림이 그려져 있어. 극락정토로 가는 배인 반야용선을 그린 것이야.

그러면 어떻게 극락 세계로 갈 수 있을까? 신라의 원효 스님은 '나무 아미타불'이라는 여섯 글자만 지극한 마음으로 외우면 서방 극락 정토에 태어날 수 있다고 했어. 그래서 사람들은 힘든 일이 있거나 마음이 답답하면 "나무 아미타불 관세음보살" 하고 읊지.

극락전의 윗부분을 자세히 보면 용머리가 보일 거야. 그리고 건물 뒤쪽으로 돌아가 보면, 용의 꼬리 모양이 보인단다. 이렇게 용을 건물에 새겨 놓은 것은 반야용선이라는 배를 상징적으로 표현하기 위해서야. 반야용선은 사바 세계에서 극락 정토로 건너갈 때 타고 가는 상상의 배를 뜻한단다. 이렇게 절의 건물에 용의 머리를 만들어 놓은 것은 법당은 불교 신자들이 부처님과 함께 타고 가는 배라고 믿기 때문이지.

안 돼! 건물 내부에서는 사진 촬영이 금지되어 있단다.

나무아미타불 관세음보살
텔레비전에서 혹은 어른들의 입에서 가끔 "나무 아미타불 관세음보살"이라는 말을 들었을 거야. 이 말은 유명한 불경 구절로, '아미타부처와 관세음보살에게 귀의한다.'는 뜻이지. 아미타부처님은 시간적으로나 공간적으로 영원한 부처님을 말해. 극락 세계를 다스리면서 중생들에게 자비를 베풀지. 특히 누구에게나 평안한 삶과 안락한 정토 세계를 보장해 주는 부처님으로 알려져 있단다. 관세음보살은 자비로 중생의 괴로움을 구제한다는 보살이지. 그래서 부드러운 미소를 지으며 손에는 늘 감로수가 든 정병을 들고 있지. 아미타부처와 같이 끝없는 중생들의 고통을 덜어 주고 소원이 이뤄지게끔 아미타부처님을 자신의 이마에 모시고 있단다.

극락 정토로 안내하는 금동아미타여래좌상

자, 그러면 극락 정토로 우리를 끌고 가는 부처님은 어떤 부처님일까? 극락전의 건물 안을 한번 들여다보렴. 극락전 안에 놓여 있는 불상은 금동아미타여래야. 비로전에 있던 금동비로자나불상과 매우 닮은 모습이지. 머리도 신체도 앉음새도 모두 같은데, 손 모양과 옷주름의 굴곡이 약간 달라. 손 모양은 왼손을 들어 손바닥을 밖으로 향한 채 엄지손가락과 가운뎃손가락을 맞대고 오른손은 다리 위에 얹어 엄지손가락과 가운뎃손가락을 맞대고 있지. 이 불상은 신라 불상의 특징을 잘 반영하고 있어.

극락전 안에 안치되어 있는
금동아미타여래좌상

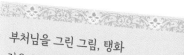

부처님을 그린 그림, 탱화
절을 돌아보면 곳곳에서 그림들을 만나게 되지. 알록달록하고 화려한 빛깔에 대개는 부처님이 그려져 있을 거야. 이런 그림들을 탱화라고 부른단다. 탱화는 불교 그림의 한 형태로, 부처님이나 보살님의 초상이나 불교 경전의 내용을 그려서 벽에 거는 그림을 말하지. 불교 그림에는 여러 종류가 있지만 그 중에서도 탱화가 우리나라 절에서 많이 볼 수 있는 그림이야.

여기서 잠깐! 부처님의 손 모양을 찾아라!

부처님은 성격에 따라 취하고 있는 손 모양도 다르단다. 그리고 각각의 손 모양에는 제각기 의미가 담겨 있어. 아래의 손 모양을 내용에 맞게 연결해 보아라.

항마촉지인
모든 악마를 굴복시켜 없애 버리는 의미를 담고 있어. 오른손을 오른쪽 무릎 위에 얹고 손가락 끝을 가볍게 땅에 대고 있으며, 왼손은 손바닥을 위로 향한 채 배꼽 앞에 놓은 모습이야.

초전법륜인
부처님 깨달음을 얻고 난 직후 처음으로 설법할 때의 손 모양이야. 엄지와 장지를 맞댄 후 왼손은 손바닥을 위로 하고, 펴진 마지막 두 손가락 끝을 오른쪽 손목에 대고 있는 형태야.

시무외인
오른손을 어깨 높이까지 올리고 다섯 손가락을 가지런히 펴서 손바닥을 밖으로 향하게 한 형태야. 나를 믿으면 두려움이 없어진다는 뜻을 담고 있지.

지권인
비로자나불부처님의 손 모양으로, 모든 번뇌를 없애고 부처님의 지혜를 얻는다는 뜻이야. 그런데 재미있는 것은 불국사의 비로자나불과 반대의 자세를 하고 있어.

정답은 72쪽에

불상은 왜 여러 종류일까?

절에 가면 여러 가지를 볼 수 있지만 반드시 보게 되는 것이 있어. 바로 불상이지. 불상은 부처님의 모습을 상상해서 만들어 놓은 조각상을 말해. 대부분 절의 중심이 되는 건물 안에 불상을 모셔 놓고 신자들이 예배를 드리지. 불상이라고 하면 부처님을 새겨 놓은 것을 말하고, 보살이나 다른 불교 인물을 만들어 놓은 것은 보살상이나 사천왕상 등으로 다른 이름이 있지. 그런데 불상은 왜 이름도 여러 가지이고, 모습도 여러 가지일까? 그 이유는 앞에서 말했듯이 불교에서는 누구나 깨달음을 얻으면 부처가 될 수 있다는 것과 관련이 있단다. 다시 말해 부처님의 수가 많기 때문에 각각의 부처님을 만들다 보니 모습도 여러 가지이고, 이름도 여러 가지야. 불상은 불교의 교리에서 표현한 대로 모습을 만들기 때문에 교리의 배경을 알아 두면 불상을 이해하는 데 도움이 된단다.

불상의 이름을 외우면 헛수고!

불상의 이름은 좀 복잡하고 외우기도 어려워. 하지만 불상의 이름을 짓는 방법을 안다면 특별히 외우지 않아도 된단다. 원리를 알면 저절로 외워지거든. 불상의 이름을 살펴보면 크게 네 부분으로 구성되어 있어. 불상이 발견된 지역이나 특징, 불상의 재료나 제조 방식, 불상의 주인공, 불상이 취하고 있는 자세를 알면 돼. 유물의 이름을 짓는 방식과 비슷하단다.

그러면 오른쪽 불상의 이름을 지어 보자. 만든 재료가 금과 동이니, 금동. 불상의 주인공이 비로자나부처님이니 비로자나불, 앉아 있는 자세이니 좌상. 이것을 모두 붙여 이름 지으면, 바로 금동비로자나불좌상이 된단다. 그리고 소재지가 불국사이니 불국사 금동비로자나불좌상이 정식 명칭이지.

육계

나발

광배

우견편단

대좌

불국사 금동비로자나불좌상

출토지 및 소재지 (어디에서)	재료 및 방식 (무엇을)	주인공 (누구를)	자세 (어떻게)
불국사	금동	비로자나불	좌상

극락 세계로 이어진 다리

극락전 앞에는 아미타부처님이 사는 이곳, 극락 세계로 들어오는 문이 있어. 바로 안양문이야. 여기에서 안양은 극락의 다른 이름이란다. 그러니까 안양문은 극락으로 들어가는 문을 말하는 것이야. 안양문 앞으로는 연화교와 칠보교가 연결되어 있어. 연화교와 칠보교를 올라 안양문을 지나면 극락 세계로 들어오는 셈이지.

그럼 연화교와 칠보교를 자세히 살펴볼까? 아래의 연화교는 10단이고 위의 칠보교는 7단으로 되어 있어. 처음 우리가 불국사에 들어올 때 지나왔던 청운교와 백운교보다 규모가 작고 섬세하며, 다소 소박한 면이 있단다. 경사는 비스듬해서 비교적 안정돼 보여. 연화교 밑에는 통로가 있지만 청운교와 백운교처럼 둥근 형태는 아니야. 단지

절에는 왜 연꽃이 많을까?

연꽃이 불교를 상징하기 때문이야. 그럼 왜 연꽃이 불교를 상징하게 되었을까? 이유는 여러 가지란다. 우선 연꽃이 진흙탕에서 산다는 거야. 연꽃은 더러운 진흙탕에 살지만 그 더러움을 묻히지 않는 모습을 보고 비유를 한 거지. 이는 보살이 열반의 경지에 이르렀어도 중생을 구제하려고 세상에 뛰어드는 것을 의미하기도 해. 그리고 연꽃을 한번 자세히 보렴. 가만히 연꽃을 보고 있으면 연꽃의 봉오리가 마치 불교 신자가 합장하고 서 있는 모습 같단다. 막 피어오르는 연꽃은 부처님 앞에 합장하고 서 있는 불자의 모습과 비슷하지. 이러한 몇 가지 이유에서 연꽃은 불교의 상징적인 꽃으로 사랑을 받고 있어.

안양문
안양은 아미타불의 정토인 극락의 다른 이름이야. 그래서 안양문이라고 하면 아미타부처님의 극락 정토로 들어서는 문이라는 의미를 담고 있어. 임진왜란 중에 불타 버린 것을 1626년(인조 4)과 1737년(영조 13)에 다시 세웠으며, 현재의 건물은 강릉 객사문을 참고하여 1962년에 새로 지은 것이야.

칠보교

연화교

형식적으로 만들어 놓은 듯해. 그런데 연화교에는 청운교와 백운교와는 다른 특징이 있어. 돌계단 한 단 한 단마다 연꽃잎이 새겨져 있으며, 계단이 끝나는 맨 윗단에는 좀 더 큼직한 연꽃이 새겨져 있단다.

신라 사람들은 이 다리를 오가며 다음 생애에는 극락 정토에서 태어나기를 바랐지. 그리고 비구니가 된 신라의 헌강왕후가 세상을 떠난 왕의 극락왕생을 부처님께 빌며 이곳을 오르내렸다고도 해. 이곳을 지나다닌 사람들의 염원이 담겨 있는 것이지.

이제 극락 세계를 다 돌아보았으니 우리가 살고 있는 속세로 돌아갈 때가 되었구나. 연화교와 칠보교를 따라 내려가면 그곳이 속세란다. 하지만 지금 불국사에서는 이 계단으로 내려갈 수 없단다. 보존을 하기 위해 일반인들의 출입을 막아 놓았거든. 아쉽지만 옆으로 돌아서 가자꾸나!

보수 공사중인 불국사
1973년 대대적인 보수 공사를 진행하고 있는 불국사 전경이야. 보이는 부분은 안양문이야.

여기서
잠깐!

불국사의 멋진 장면을 찍어라!

불국사에는 불국사의 아름다움을 잘 잡을 수 있는 곳이 몇 군데가 있는데, 이곳 연화교 앞에서 찍는 것도 멋진 장면에 손꼽혀. 연화교 앞에서 청운교 백운교를 바라보며 찍으면 돼. 많은 사진작가들이 이 구도를 좋아한단다. 너희들도 불국사에 왔으면 최고로 꼽히는 장면을 찍어 보렴!

해탈을 통해 부처님의 나라로

자, 지금까지 부처님의 나라를 잘 돌아보았니? 석가모니부처님이 다스리는 나라, 비로자나부처님이 보살피는 나라, 아미타부처님이 돌보는 나라를 말이야. 이제 부처님의 나라를 떠나 다시 우리가 사는 세상으로 가야 할 때가 되었어. 불국사를 나갈 때에는 해탈의 문이라 일컫는 '불이문'으로 나간단다. '불이'라는 뜻은 부처님과 내가 둘이 아닌 하나라는 뜻이지. 이 말은 부처님의 나라가 따로 있는 것이 아니라 내가 깨달음을 얻으면 그곳이 바로 부처님의 나라라는 것이야. 내가 부처이고, 부처가 있는 곳이 바로 부처님의 나라라면 바로 우리가 사는 곳이 부처님의 나라인 셈이지.

불국사 해탈문

세계문화유산으로 지정 받은 불국사의 가치

그럼, 우리 여기서 불국사의 가치를 다시 한번 더듬어 보자. 불국사의 건물 중 신라 시대에 만든 목조 건물들은 임진왜란 때 모두 불타 버렸지만 그 외에는 처음 세웠을 당시의 모습이 고스란히 보존되어 있단다. 신라의 건물을 지금도 볼 수 있어서 건축사적으로 매우 중요한 가치가 있어.

이런 불국사의 가장 큰 특징은 무엇일까? 그것은 서로 다른 모양이지만 전체를 통해서 보면 서로 대칭을 이루는 이형대칭의 질서가 담겨 있다는 것이야. 자하문 양옆으로 서 있는 범영루와 좌경루를 보면, 범영루는 화려한 반면 좌경루는 소박하지. 그런데 자하문 안쪽 대웅전 앞마당에 서 있는 두 탑을 보면 이와는 또 반대야. 범영루 쪽

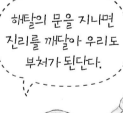

해탈의 문을 지나면 진리를 깨달아 우리도 부처가 된단다.

뒤에 서 있는 석가탑은 장식이 적고 세련된 반면, 좌경루 뒤쪽의 다보탑은 장식적인 요소가 많으며 매우 화려해. 사람들이 자하문 밖에서 불국사 석축을 바라보며 고개를 갸우뚱하며 왜 이렇게 양쪽을 서로 다르게 만들었을까 하고 의문을 품었다가 자하문 안으로 들어 가서 두 탑이 서로 반대로 서 있는 것을 보며 다시 고개를 끄덕인단다. 일부를 보면 균형을 맞추지 않고 양쪽의 무게를 다르게 배치시킨 듯하지만 번갈아가며 균형을 이루게끔 배치시켜 결국은 전체가 서로 대칭을 이루며 서 있거든. 이처럼 불국사는 눈에 보이는 대로 볼 게 아니라 종합적으로 보아야 그 가치를 알 수 있단다.

신라 사람들이 불국사를 이렇게 꾸민 이유는 과거의 중생을 구원한 다보불과 현세의 석가불이 하나이면서 둘이고, 둘이면서 하나라는 불이 사상을 나타낸 것이야. 불국사에서 많은 것을 느꼈기를 바라며 이제 석굴암을 향해 가 보자꾸나.

여기서 잠깐!

불국사 전체 조망해 보기!

오늘 우리가 돌아본 불국사는 여러 부처님의 나라가 표현돼 있다고 했어. 그곳을 모두 잘 돌아보았니? 그렇다면 내가 어디어디를 돌아보았으며, 어떤 코스로 돌아보았는지 생각해 보며 불국사를 전체적으로 다시 한번 들여다보렴.

위에서 내려다본 불국사

불국사에서 못다 한 이야기

지금까지 불국사를 돌아본 느낌이 어떤지 궁금하구나. 불국사는 아주 오래전에 지었기 때문에 누가, 언제, 어떻게 지었는지 정확하게 알려져 있지 않아. 다만 여러 가지 이야기들이 전해지고 있을 따름이야. 자, 그럼 어떤 이야기들이 있는지 알아볼까?

불국사 창건, 과연 언제 이루어졌나?

불국사가 언제 세워졌는지에 대해서는 여러 가지 이야기가 있어. 우선 일연 스님이 쓴 《삼국유사》를 보면 신라 경덕왕 10년인 751년에 김대성이 전세의 부모를 위해서는 석굴암을, 현세의 부모를 위해서는 불국사를 창건했다고 해. 그런데 김대성이 이 공사를 완성하지 못하고 죽자 나라에서 완성했다고 쓰여 있지.

하지만 《불국사고금창기》라는 책을 보면 528년(법흥왕 15)에 법흥왕의 어머니 영제부인이 부처님께 빌어 불국사를 세우고 비구니가 되었다고 쓰여 있어. 574년(진흥왕 35)에는 진흥왕의 어머니인 지소부인이 절을 새로 짓고 비구니가 된 후 이 절에 비로자나불과 아미타불을 만들어 모셨다고 하지. 670년(문무왕 10)에는 강당인 무설전을 지어 의상대사와 그 제자 신림과 표훈 등을 머물게 하고 말이야. 그 후 751년(경덕왕 10)에 김대성이 고치고 탑과 석교 등을 만들었다고 해. 또 다른 책인 《불국사사적》에는 이보다 앞선 눌지왕 때 아도화상이 불국사를 창건했다고 쓰여 있어. 그리고 경덕왕 때에 김대성이 크게 다시 지었다고 해.

이 기록들은 서로 연도가 달라서 무엇이 진실인지 알기 어려워. 그래서 불국사 이전에 규모가 작은 다른 거물이 있었던 것을 경덕왕 때에 김대성이 거의 창건하다시피 불국사를 다시 지은 것으로 보기도 한단다. 어쨌든 김대성이 불국사를 크게 만든 데에 중요한 역할을 한 사실에는 틀림이 없지.

> 김대성이 불국사를 만드는 데 기여한 것은 확실해.

김대성은 누구인가?

한 가난한 여인에게 아이가 있었어. 머리가 크고 이마가 평평해 성처럼 생겨 이름을 대성이라 했지. 대성은 집이 가난해 부잣집에 품팔이를 하며 살다가 밭을 받기로 했어. 어느 날, 한 스님이 부잣집에다 절로 시주하기를 권하자 베 50필을 내놓았지. 이에 스님이, "하나를 시주하면 만 배를 얻게 되며 안락과 수명장수를 누릴 것입니다." 하고 축원해 주었어. 대성이 이 소리를 듣고 어머니에게, "스님이 하나를 보시하면 만 배를 얻는다 하니 우리가 받은 밭을 시주하여 뒷날의 과보를 받음이 어떤지요?" 하고 말했지. 그리고 밭을 스님에게 보시했어. 얼마 지나지 않아 대성이 죽게 되었는데, 이날 밤 신라 재상 김문량의 집에 하늘로부터 "대성이라는 아이가 이제 너의 집으로 환생할 것이다."라는 큰 소리가 들렸지. 그 후 아이가 태어났는데, 왼손을 쥐고 놓지 않다가 7일 만에 펴니 '대성(大城)'이라는 두 글자를 새긴 나뭇조각이 있었다고 해. 그래서 그 아이는 대성이라는 이름으로 불렸고, 전세의 어머니를 모셔다 같이 봉양했다는구나.

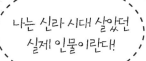

나는 신라 시대 살았던 실제 인물이란다!

이 이야기는 《삼국유사》에 나오지만 김대성이라는 사람은 역사 속 실제 인물이지. 김대성은 《삼국사기》에 나오는 중시 벼슬을 지낸 김대정과 동일한 사람으로 짐작하고 있단다. 김대정의 아버지 김문량 또한 재상을 지냈다고 알려지고 있어. 즉, 왕과 가까운 친척이 되는 왕실 가족의 한 사람이라고 알려져 있단다.

이 외에도 궁금한 것들이 많다고? 그럼, 직접 조사하고, 연구해 보는 것을 어떨까? 공부는 이런 궁금증을 해결하고자 하는 마음에서 출발하는 거란다.

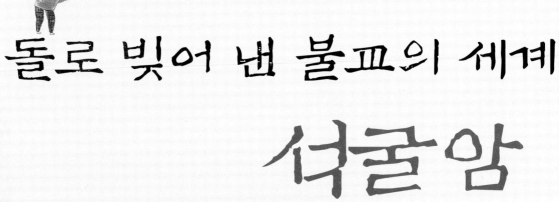

돌로 빚어 낸 불교의 세계

석굴암

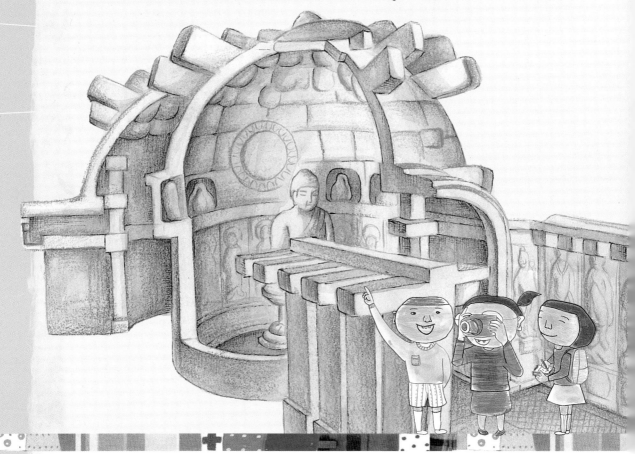

자, 그럼 불국사와 함께 세계문화유산으로 지정된 석굴암으로 가 보자. 석굴암은 불국사에서 나와 토함산을 따라 구불구불 이어진 길을 따라 올라가면 정상 가까운 곳에 자리하고 있어. 이곳에 다다르면 멀리 동해 바다가 보이고, 아침 일찍 올라간다면 멋진 일출 광경을 만날 수도 있지.

그런데 석굴암은 왜 이렇게 높은 곳에 지어 놓았을까? 석굴암을 이렇게 험한 산에 만들어 놓은 것은 왜적을 물리치기 위해서라고 할 수 있지. 이런 뜻을 담고 신라 시대 사람들은 길이 24척에 높이 18척이나 되는 석굴을 꾸미고, 그 안에 '장육석가석불상(보통 본존불상이라고 해.)'을 봉안한 것이야. 석굴암에는 불상을 영원히 머물게 해서 언제나 나라를 지키도록 한 신라 사람들의 지극한 바람이 담겨 있지.

하지만 신라 시대 사람들의 의도와 달리 석굴암은 세워진 이래로 지금까지 여러 가지 수난을 겪었어. 지금부터 석굴암은 어떤 일을 겪었으며, 또 어떤 재미있는 사실이 숨어 있는지 함께 알아보자꾸나!

석굴암을 왜 만들었을까?

석굴암 주차장에서 내리면 멀리 석굴암 일주문이 보여. 자, 이제 석굴암에 가 보자. 일주문을 지나 오솔길을 따라 들어가면 멀리 동해 바다가 보이는 아늑한 곳에 석굴암이 자리잡고 있지. 석굴암은 《삼국유사》에 나오는 이야기처럼 처음 지었을 때부터 하늘이 감동할 만큼 대단한 절이었단다. 단단한 화강암으로 석굴을 만들었을 뿐만 아니라 그 안에 아주 섬세하고 화려하게 조각한 불상들을 안치해 놓았으니 사람들의 극찬을 들을 만도 했지.

토함산 일주문

그런데 사람들은 왜 이렇게 토함산 중턱에 만들기도 까다로운 석굴을 만들어 놓았을까? 석굴암을 세운 동기에 대해서는 《삼국유사》 권5 〈대성효이세부모조〉 편을 한번 읽어 보면 알 수 있어.

> 여기부터는 석굴암이야.
> 음, 이제 석굴암에 대해
> 이것저것 알아볼 차례군!

김대성이 현세의 부모를 위해 불국사를 세우고 전세 부모를 위하여 석불사(석굴암의 원래 이름)를 세웠다. 장차 석불을 조각하고자 하여 큰 돌을 다듬어 감개(감실을 덮는 천장정돌)를 만드는 중이었는데, 돌이 갑자기 세 조각으로 갈라졌다. 대성이 통분해서 어렴풋이 졸았는데, 밤중에 천신이 내려와 만들어 놓고 돌아갔다. 대성이 문득 깨어나 이를 보고 남쪽 고개에 올라 향을 피워 천신에게 공양했다. 이로써 그곳 이름을 향령이라 했다 한다. 혜공왕 때를 지나 대력 9년 갑인(774년) 12월 2일에 대성이 죽으니 나라에서 마침내 완성시켰다. 처음에 유가의 대덕 스님을 살게

정말, 주변이 온통 산으로 둘러싸여 있네.

선도산
소금강산
낭산
남산
토함산

신라 시대의 수도인 경주는 주변 산서에 둘러싸인 분지에 위치해 있음을 알 수 있어.

하여 항마(대덕의 이름이라고도 함)하게 한 후 계속하여 오늘에 이르렀다 한 것은 옛 향전과 같지 않은데 어느 것이 옳은지 잘 알 수 없다.

이 기록으로 우리는 몇 가지 사실을 알 수 있단다. 첫째, 《삼국유사》에서는 옛 향전을 인용하여 신라 경덕왕 15년(751) 당시 재상이던 김대성이 그의 전세 부모를 위하여 석굴암을 창건했다고 밝히고 있어. 효심의 표현으로 석굴을 창건했다는 점을 알 수 있지.

둘째로 경덕왕 때의 재상 김대성은 성덕왕 때에 중시 벼슬을 지낸 김문량의 아들 김대정으로 보고 있어서 김대성은 태종 무열왕계의 진골 김씨 왕족의 일원으로, 성덕왕 및 경덕왕과 가까웠던 인척으로 짐작된단다. 따라서 여기서의 전세 부모란 현세에 살아 있는 부모가 아니라 이미 세상을 떠난 부모를 말해. 그러니까 태종 무열왕계의 후손들인 문무대왕·신문대

신라인들의 믿음의 대상, 토함산

신라 건국 이래 신라 사람들 사이에서 토함산은 영산(신령스러운 산이라는 뜻)으로 여겨진 곳이자 군사적인 요충지였어. 신라 사람들은 도읍지인 서라벌 주위에 위치한 토함산, 선도산, 남산, 금강산, 낭산을 동서남북과 중앙의 5방위를 대표하는 오악으로 삼아 신성시했단다. 삼국통일과 더불어 영토가 확장된 이후에는 토함산, 지리산, 계룡산, 태백산, 팔공산으로 확장되었지만 말이야. 그런데 오악은 남북국 시대에 봄가을에 나라와 평안과 발전을 기원하는 제사를 지냈다고 알려져 있어. 그런 이유로 이 오악 중의 하나인 토함산 정상 동쪽에 석굴암을 세운 것은 당연한 일이겠지.

41

동해구가 뭘까?

토함산의 계곡물이 동해로 흘러드는 삼각형 모양 지점을 동해구라고 해. 이른바 동해의 입이라는 뜻이지. 이곳은 신라 김씨 왕족의 공동묘지인데, 죽어서 몸소 호국대룡이 되어서 나라를 수호하겠다고 유언했던 문무대왕의 해중릉도 위치하고 있단다. 또한 경덕왕의 선대왕인 효성왕도 화장 후 유골을 이 근처의 동해 바다에 뿌렸다고 해. 석굴암 본존불이 이 동해구를 바라보는 것은 조상의 복을 빌고 국가의 안녕을 바라는 것으로 짐작할 수 있지.

왕·효소왕·성덕왕과 같은 역대의 왕과 왕실을 가리키는 것이지. 김대성이 세상을 떠났어도 국가적으로 석굴을 완성한 것을 보면 석굴암이 개인적인 곳이 아니라 국가적인 장소임을 알 수 있어. 석굴의 본존불이 앉아 있는 방향이 문무대왕과 김씨 왕족의 묘지인 대왕암과 동해구에 일치하고 있는 것으로도 알 수 있단다.

마지막으로 석굴암은 토함산의 동쪽 중턱에 위치해 있다는 점이야. 이곳에 석굴의 위치를 정한 것은 항마, 즉 바다로 들어오는 악마군인 왜군을 항복시키려는 의지를 담은 것이지. 바다로 들어오는 왜적을 물리치기 위하여 석굴암 불상을 조성했다는 것을 뜻해.

토함산 석굴과 본존불상은 곧 신라 왕실의 번영과 해적 왜구를 물리치기 위한 국가 안녕의 목적으로 만든 것이야.

여기서 잠깐!

자신만의 일출 사진을 찍어라!

여행 후에 자신만의 기념물을 만들어보는 것은 좋은 추억이 된단다. 아래에 보이는 사진은 토함산의 석굴암에서 해가 뜨는 장면을 찍은 것이야. 석굴암에 체험학습을 간다면 이렇게 멋진 사진을 놓칠 수야 없지. 여행지에서 찍은 사진으로 앨범을 만들어 보는 것도 좋을 거야. 자, 이 사진보다 더욱 멋진 사진을 찍어 보렴!

돌을 뚫어 만든 석굴사원!

석굴암은 이름에서 알 수 있듯이 돌로 만든 절이야. 이를 석굴사원이라고 하지. 석굴사원이란 쉽게 말해서 바위를 뚫어 만든 사원이야.

석굴사원은 원래 뜨거운 열과 비, 독충을 피해 종교 행사를 진행하기 위해 인도에서 만들기 시작했어. 처음에는 자연 동굴을 이용했지. 더위나 습한 장마철, 맹수들의 습격이나 세상의 소란함을 피해 조용히 수도에만 전념할 수 있는 좋은 장소였거든. 그러나

인도의 아잔타 석굴사원

시간이 흐르고 규모가 커지면서 자연 동굴만으로는 이를 충족하기가 어렵게 됐어. 그래서 암석을 파 석굴사원을 만들게 되었단다. 이러한 석굴사원은 불교의 전파 경로를 따라 인도의 주변국으로 퍼져나가게 되었어. 좀더 멀리 중국이나 우리나라까지도 영향을 미쳤지.

우리나라 석굴사원은 인도의 전형적인 석굴사원과 다르며 중국의 석굴사원과도 달라. 우선 자연환경이 다르기 때문이지. 그 중에서도 돌의 성질이 매우 다른 것이 가장 큰 이유야. 인도나 중국의 바위는 파기도 쉽고 조각하기도 좋지만 우리나라의 바위는 뚫기가 매우 어려운 화강암 같은 돌이 대부분이지. 이런 돌로 거대한 사원을 만들고 조각까지 한다는 것은 매우 힘든 일이었거든. 그래서 우리나라에는 석굴사원이 그리 많지 않아. 우리나라의 석굴사원으로는 경주 석굴암을 비롯해 경상북도 군위의 삼존석굴, 속초의 개조암, 강화도 보문사의 석굴 등이 있단다.

태안 마애석굴의 삼존불상

석굴암이 겪은 갖가지 수난

자, 이제 석굴암에 도착해 보니 어떤 느낌이 드니? 그런데 막상 석굴암에 도착해 보면 유리막에 막혀 안으로 들어갈 수 없어. 아쉽지만 석굴암을 보호하기 위한 것이니 어쩔 수 없겠지? 아쉬움을 접고 석굴암을 자세히 알아보자.

석굴암이 세계문화유산임을 알리는 푯돌

기록에 나타난 석굴암

석굴암의 원래 이름은 석불사였어. 그런데 언제 석불사에서 석굴암으로 불리게 되었는지에 대한 정확한 자료는 전하고 있지 않단다. 다만, 이를 뒷받침할 만한 자료로는 후대의 몇몇 사람들이 쓴 글 속에서 간단한 설명이 발견되고 있을 뿐이야. 조선 후기의 학자 정시한은 경주를 유람하고 《산중일기》에 다음과 같은 글을 남겨 놓았어.

석굴암 외부 전경

※ **산중일기**
조선 숙종 때의 학자 정시한이 쓴 기행록이야. 1686년(숙종 12) 3월 13일에 원주를 출발하여 청주 공림사를 거쳐 속리산 법주사 등 강원도, 경상도, 전라도, 충청도의 산과 사찰을 돌아보고 그 과정을 상세하게 기록한 글이지.

암자에 있는 해명 스님이 나와 맞이하여 함께 잠시 자리에 앉았다. 석굴에 올라 보니 모두 사람의 공력으로 지은 것이다. 석문 밖 양쪽 가장자리에는 4, 5개의 큰 바위에 불상을 남김없이 새겼는데, 그 기이하고 묘함이 하늘이 이룬 듯하다. 석문은 돌을 다듬어 무지개 모양을 하고 있으며, 그 안에 커다란 석불상이 앉아 있는데 마치 살아 있는 듯 위엄이 있었다. 좌대석은 정제되어 있어 기이하고 교묘했으며, 굴 위의 덮개돌과 여러 돌들 역시 둥글고 바르며 조금도 기울거나 흠결이 있는 곳이 없었다. 불상들은 살아 있는 듯 열을 지어 서 있는데 참으로 절묘하여 그 모습을 이루 말로 다할 수 없었다. 이러한 기이한 광경은 드물게 보는 것으로 한참 동안 감탄하며 보다 내려와 암자에서 묵었다.

- 《산중일기》 하권 1688년 5월 15일

정시한의 이 글은 석굴암의 현상과 상태에 대해 매우 자세하게 기록하고 있어서 석굴암의 옛 모습을 짐작해 볼 수 있는 좋은 자료란다.

《불국사고금창기》란?
《불국사고금역대기》라고도 하는 책이야. 영조 때의 승려 '동은'이 경주 불국사에 관한 여러 사항을 기록한 것이지. 여러 사찰의 사적이 전쟁으로 불타서 사라지는 것을 안타까워 하면서 엮었단다. 역사적 자료로서의 가치는 덜하지만 불국사에 관한 한 가장 상세하게 알려 주고 있는 책이라고 할 수 있지.

작은걸음 큰 생각

암굴석산합토

석굴암인가, 석불사인가?

토함산 석굴은 일반적으로 석굴암이라고 알려져 있어. 사람들도 모두 그렇게 불러 왔고 말이야. 그런데 석굴암의 원래 이름은 이것이 아니란다. 《삼국유사》에서는 '석불사'라 기록하고 있지. 이는 '큰 돌부처님이 계신 절'이란 뜻에서 비롯한 이름일 거야. 그런데 언제부터인가 불국사에 속하는 산중 암자로 격하되어 석굴암이라 불리게 된 것으로 짐작하고 있어. 그래서 어떤 학자들은 석굴암이 아니라 창건 당시의 석불사로 부르는 것이 옳다고 주장하기도 해.

그러면 언제부터 '석굴암'이라 부르기 시작했을까? 애석하게도 지금으로서는 이를 밝혀 주는 정확한 기록은 없단다. 다만 《불국사고금창기》나 정시한의 《산중일기》 등의 조선 후기 문헌에서 석굴암이라고 기록하고 있는 것으로 보아 17, 8세기경에는 이미 석굴암이라 불리고 있었음을 알 수 있지. 이런 것들을 보면 석굴암이란 명칭이 그 이전부터 사용된 듯해. 그것이 19세기를 지나 지금까지 계속 내려온 것이야.

또 다른 자료에서도 석굴암 이야기를 볼 수 있지. 18세기에 쓰인 《불국사고금창기》에서는 숙종 때 두 차례의 석굴암 보수를 했다고 적고 있어. 당시의 공사 규모에 관해서는 상세한 사정을 알 길이 없어. 하지만 비교적 상태가 양호했던 것으로 짐작돼. 1688년 정시한이 방문한 때와 그리 멀지 않고, 공사 규모가 그리 크지 않은 듯하거든. 그리고 조선 말기에 다시 한번 크게 보수 공사를 하지.

일제 강점기 때의 석굴암

일제 강점기에는 모두 세 차례에 걸쳐 보수 공사를 했단다. 20세기 초 세상에 잊혀졌던 석굴암은 세월의 무게를 이기지 못하고 파손될 위험에 처해 있었어. 석굴암의 아름다움에 반한 일본은 그걸 핑계삼아 석굴암을 해체해 일본으로 가져가려고 했어. 그런데 1910년 한일 강제합병을 하면서 군이 일본으로 가져갈 필요가 없어지자 일본은 전면적으로 보수 공사를 했어. 하지만 이때에 행해진 복원 공사는 상당 부분 잘못 진행됐어. 재조립 과정에서 석굴 바깥 전부를 약 2미터 두께의 콘크리트로 덮어 버렸지. 석굴은 거대한 콘크리트 덩어리로 변하고 만 거야.

그런데 1차 보수 공사 후 얼마 가지 않아 석굴에는 물이 새기 시작했어. 불상 표면에는 푸른 이끼가 끼었지. 이에 당황한 일본은 2차 보수를 했어. 콘크리트로 된 돔 표면에 석회 모르타르와 점토층을 깔고, 돔 바깥에 사방으로 물이 빠져나가도록 하수구를 설치한 뒤 다시 그 위에 흙과 잔디를 덮었어. 그러나 이런 방식도 완전한 대책은 아니었어. 이후 3차 보수 후에도 이슬이 맺히는 현상이 계속됐지. 게다가 1차 공사 때 새로 배치한 불상들의 자리도 잘못됐음을 알게 됐지만 고치지 않았단다.

오늘날의 석굴암

해방 이후 석굴암은 사람들의 관심에서 벗어나 있었어. 이전의 잘

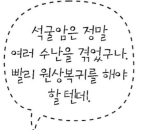

석굴암은 정말
여러 수난을 겪었구나.
빨리 원상복귀를 해야
할 텐데.

못된 공사로 인해 보존 상태도 더욱 나빠졌지. 1961년이 되어서야 정부의 지원과 각계의 관심 속에 석굴 보수 공사가 진행되었어. 하지만 원래 상태로 돌리기는 어려웠어. 최대한 보존 상태를 유지하는 방향으로 공사가 진행될 수밖에 없었지.

콘크리트 외벽 전체를 철근 콘크리트의 이중 돔으로 다시 씌우고, 기계로 석굴암 내부의 온도와 습도를 적당하게 유지하는 방식을 취했지. 석굴 본래의 기능과 원형을 복원하기 위해 전에는 없었던 보호 건물을 석굴암 앞에 세웠어. 또한 지하수가 굴 주변으로 흐르는 것을 막기 위해 배수구를 설치했단다. 하지만 다행히도 이때 석굴암의 전실 구조를 원래대로 고쳤단다. 입구의 팔부신중 가운데 맨 앞자리의 좌우 각 1상이 금강역사와 마주 배치되어 있었던 것을 곧바로 펴서 다른 신중상과 나란하도록 배치했어.

이와 함께 수광전·3층 석탑·요사 등의 부속 건물과 유적도 보수해 지금에 이르고 있단다.

지금의 본존불상
여전히 안정감 있는 모습으로 앉아 있지.

석굴암은 이렇게 변해 왔어요.

일제 시대 석굴암
전실 앞에 전각이 세워져 있지 않은 것을 확인할 수 있어.

복원 공사를 위해 해체시켜 놓은 석굴암
1961년에 찍은 이 사진에는 일제 강점기 때 일본이 덮어버린 콘크리트가 보여.

최근의 석굴암
석굴을 보호하기 위해 전실 앞에 전각을 설치해 놓았어.

완벽한 비례로 건축한 석굴암

 이제는 석굴암의 내부가 어떻게 생겼는지 알아볼까? 석굴암은 전실과 주실, 그리고 전실과 주실을 잇는 연도로 돼 있어. 전실은 네모지고, 주실은 둥근 모양이야.

 석굴에 들어서면 마주치는 첫 번째 사각형의 방이 바로 전실이야. 전실을 지나면 복도인 연도가 나타나고, 다시 이곳을 거치면 둥근 원형의 주실이 나오지. 여기에서 사각형은 땅을, 원은 하늘을 뜻하므로 석굴암은 천지, 그러니까 우주를 상징한다고 할 수 있어. 땅은 인간이 살고 있는 세속을, 하늘은 진리를 나타내는 것으로 불교의 사상을 절묘하게 표현한 것이란다. 이는 '천원지방(天圓地方)' 사상을 표현한 것인데, 이런 사상은 일찍부터 많은 사람들의 생각을 지배해 왔어. 인도나 중국의 석굴 사원은 물론 중국이나 고구려를 비롯한 우리나라 옛 무덤 중에서도 이런 사상의 영향을 받아 만든 예가 많이 있는 것을 보면 알 수 있지.

✹ 천원지방
땅은 네모지고, 하늘은 둥글다는 전통적인 사상을 말해.

석굴암의
배치를 보아요!

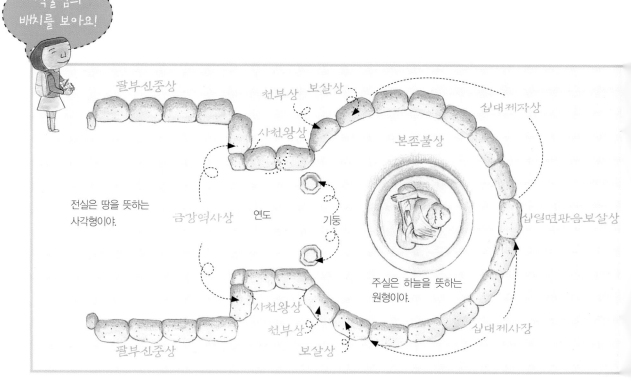

팔부신중상

천부상 보살상

사천왕상

십대제자상

본존불상

전실은 땅을 뜻하는
사각형이야.

금강역사상   연도   기둥

십일면관음보살상

주실은 하늘을 뜻하는
원형이야.

사천왕상

천부상

보살상

십대제자상

팔부신중상

평면적으로 살펴본 석굴암 내부

석굴암의 구조는 여러 가지 방식으로 설명할 수 있어. 한 가지 측면으로 설명하기에는 워낙 복잡하거든. 먼저 평면적으로 석굴암을 보자꾸나. 내부의 평면 구조를 살펴보면, 주실은 둥글고, 전실은 네모나지. 그런데 전실의 너비는 안쪽에 있는 원의 지름과 길이가 같아. 석굴암은 전체적으로 원의 구성 원리가 기본이 되고 있다고 할 수 있어. 자, 자세히 설명을 해볼까? 주실의 원형과 맞물리는 곳에 같은 크기로 또 다른 원을 그렸을 때 그 원의 지름과 너비가 같은 직사각형의 공간이 전실이란다. 그리고 이 사이에 역시 직사각형의 작은 길을 만들면 연도가 되지. 잘 모르겠다고? 오른쪽의 세 원들을 보면 이해가 될 거야.

이번에는 주실을 수직으로 자른 모양을 한번 보자. 주실의 수직 면에도 수많은 원의 원리가 적용돼. 주실의 높이는 광배의 크기와 같은

> 와우! 대단한걸. 정말 비례가 그런지 우리가 한번 직접 그려 보자!

여기서 잠깐!

원과 원의 조화 속에 표현된 석굴암!

아래 그림은 평면적으로 살펴본 석굴암 구조야. 석굴암의 구조는 세 원의 원리로 이루어졌어. 원들은 오른쪽 위에 보이는 것처럼 안의 두 원과 이 두 원을 감싸는 큰 원이 만나서 석굴암의 구조가 탄생했어. 작은 두 원 중 한 개의 원은 석굴암의 어디와 딱 들어맞을까? 석굴암 평면도 위에 세 원을 그려 보렴.

힌트 : 석굴암 평면도와 원을 겹쳐보면 알 수 있지.

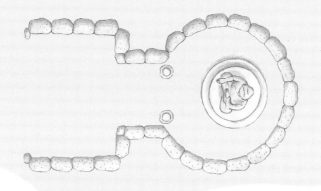

정답은 72쪽에

원 네 개가 이어진 것과 같아 이것은 가로로 적용해도 마찬가지지. 아래의 그림을 보면 쉽게 이해가 될 거야. 원 하나로 탄생한 석굴암의 구조가 신기하지?

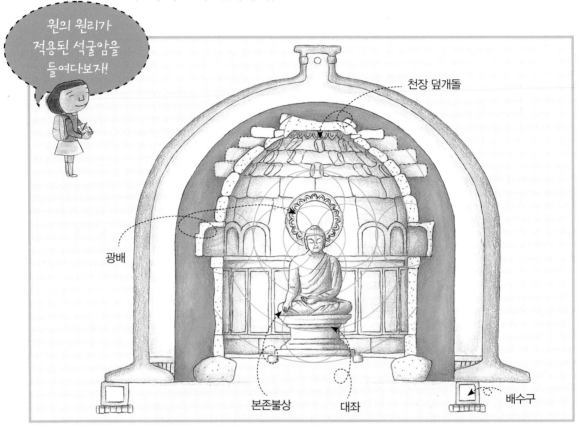

원의 원리가 적용된 석굴암을 들여다보자!

천장 덮개돌

광배

본존불상   대좌

배수구

입체적으로 살펴본 석굴암 내부

자, 그럼 이제 입체적으로 석굴암을 파헤쳐 볼까? 기본적으로 석굴의 주실은 판석을 위로 갈수록 점점 좁아지게 쌓아올렸어. 하지만 연도나 전실은 수직으로 돌을 쌓았지. 그러다가 천장 부분에서 주실은 둥글게 돔처럼 만들고, 전실과 연도는 원기둥을 옆으로 자른 것같이 둥글게 쌓았어. 주실의 내부 공간은 수미산 형태를 만든 것이야. 불교에서 우주의 형태를 상징하는 이 수미산 형태는 성덕대왕신종이나 황룡사대종 같은 신라 범종에도 적용되었어. 당시 신라인들의 사상과 미의식에 큰 영향을 미치고 있음을 알 수 있지.

❋ 판석
널판 같이 넓적하게 만든 돌로, 널돌이라고도 해.

여기서
잠깐!

똑같은 크기를 찾아라!

석굴암 내부는 과학적으로 설계되었다고 했어. 그중에서 본존불 대좌와 덮개돌, 광배의 크기가 같다고 했지. 옆의 그림에서 크기가 같은 이 세 가지를 찾아 표시해 보렴.

실제로 들어가 볼 수는 없지만 그림으로 봐도 구조가 이해될 거야.

☞정답은 72쪽에

석굴의 입체 구조의 핵심은 원통형과 돔처럼 둥근 형태야. 위로 갈수록 좁아지는 원들이 천장에서 둥근 연꽃덮개돌로 모아지고, 정면에서 불상을 바라보면 뒷면에 둥근 광배가 보여. 이런 원들이 모여 조화를 이루도록 만든 것이 석굴 건축의 핵심이란다.

원은 여기서 끝나지 않아. 연꽃 덮개돌 또한 본존의 머리를 장식함을 알 수 있어. 위에서 불상의 머리를 정면으로 비추는 효과를 최대한 보여주는 것이지. 여기에 불상 대좌의 원이 아래에 배치되었고, 그 중심에 불상의 머리가 위치하고 있어. 본존불 머리 위의 덮개돌, 광배, 대좌의 원 등의 세 원은 모두 같은 크기로 만들었지. 이렇게 보면 석굴의 구조는 궁극적으로 여러 원의 조화를 꾀하여 계획된 것으로 보아야 할 것이지. 입체적 구조에서도 원이 중요한 역할을 한 셈이야.

석굴암을 입체적으로 살펴보자!

주먹돌 (끼임돌)

연꽃 덮개들

판석

광배

석굴의 아름다운 조각상

석굴암의 구조는 정말 과학적이지? 하지만 석굴암의 세계가 이것이 다는 아니란다. 석굴암에는 신라 사람들이 실현하고 싶은 세계가 표현돼 있단다. 어떤 세계를 표현해 놓았는지 안으로 들어가 볼까? 석굴암 앞 전각으로 들어서면 유리벽 뒤로 석굴암 내부가 보여. 자세히 살펴보자.

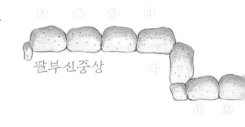

팔부신중상

전실   연도

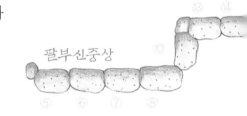

팔부신중상

부처님의 세계를 지키는 신들

우선 전실을 볼까? 양쪽 벽면에는 팔부신중을 왼쪽에 네 개, 오른쪽에 네 개를 배치해 놓았지. 팔부신중은 인도 전통의 여러 신들을 말해. 불교에 흡수되면서 불법을 수호하

① 아수라
얼굴이 셋이고 팔이 여덟 개인 인도의 신이었어.

② 긴나라
입을 약간 벌려 이를 드러내 보이고 왼손에 삼고저를 들고 있지.

③ 마후라가
머리 위에 있는 사자 한 마리가 두 다리로 얼굴을 감싸고 있는 모양이야.

④ 용
머리에 용을 이고, 왼손에 여의주를 들고 있어. 머리의 용은 이빨을 드러내고 있지.

⑤ 가루라
왼손에 삼고저를 들고 온몸을 두꺼운 갑옷으로 감싸고 있지.

⑥ 건달바
망토 같은 것을 걸치고 오른손에는 칼, 왼손에는 병을 들고 있지.

⑦ 야차
입에 염주를 물고 염라국에 살며 죄인을 감시하고 있는 옥졸이란다.

고 나쁜 무리를 막는 호법신으로 변했단다. 따라서 신의 이름도 일정치 않고 모습 또한 정해져 있지 않은 것이 특징이야. 우리나라의 팔부신중은 대개 무장을 한 모습이 많고 손에 들고 있는 지물이나 자세도 갖가지란다.

❀ 지물
여래나 보살 등이 손에 들고 있는 물건을 말해.

본존불상

주실

팔부신중 다음에는 금강역사를 입구 좌우에 대칭되게 배치했단다. 하지만 자세히 보면 입 모양이 다르지. 왼쪽의 금강역사는 입을 벌리고 있고, 오른쪽의 금강역사는 입을 다물고 있는 모습이야. 그리고 이어지는 통로에는 절 입구에 있는 천왕문에서처럼 사천왕을 좌우로 위치시켜 놓았단다. 다음의 사진과 같은 조각상들이 서 있는지 한번 유심히 살펴보렴. 섬세하게 조각된 모습에 절로 감탄하게 될 거야.

화강암으로 만든 조각상

화강암은 매우 단단해서 섬세한 조각을 하기가 까다로운 돌이란다. 대리석이나 진흙으로 구운 조각상들과는 달리 조각을 새기다 실수하면 처음부터 새로 시작해야 하거든. 그런데 신라의 석공들은 이 돌로 섬세하고 우아한 조각상을 빚어냈어. 세계가 석굴암의 아름다움에 감탄하는 이유는 여기에도 있단다.

⑧ 천
타래머리를 하고 오른손을 가슴에 대고 칼을 비스듬히 잡고 있는 모습이야.

⑨ '아' 금강역사
격파하는 자세로 본존불을 향해 '아하'는 소리를 내고 있어.

⑩ '훔' 금강역사
'훔' 하며 격파하는 자세에 가슴과 배 근육이 툭 불거진 모습이 강해 보이지.

⑪ 남방증장천왕
지국천왕과 비슷한 모습으로 두 손에 칼을 잡고 입구 쪽을 향해 서 있어.

⑫ 서방광목천왕
칼을 왼쪽 어깨에 기대고 머리를 주실 쪽으로 돌린 채 서 있어.

⑬ 동방지국천왕
입구 쪽을 향해서 칼을 잡고 서 있으며, 발로는 악귀를 밟고 있단다.

⑭ 북방다문천왕
오른손에 탑을 받들고서 주실 쪽을 향해 서 있지.

아름다운 보살상

주실에는 둥근 벽면을 따라 조각상들이 서 있어. 그중에서 주실로 들어가는 좌우 첫 번째 판석에 새겨진 두 상이 제석천과 범천이야. 제석천과 범천은 고대 인도의 최고신이었으나 불교화되면서 부처님을 수호하는 수호신이 되었지. 이 두 신은 그리스의 제우스 신에 비교되며, 우리나라에서는 하늘이라 부르고 있단다.

그 다음의 좌우 두 번째 상들은 문수보살과 보현보살이야. 문수보살은 불교에서 지혜를 상징하고 석가모니부처님과 비로자나부처님을 왼쪽에서 모시고 있어. 보현보살은 문수보살과 마찬가지로 석가모니부처님과 비로자나부처님을 모시는 불교의 2대 보살의 하나로, 자비나 이치를 상징하지.

그리고 석굴암에서 가장 아름답다고 평가되는 보살상이 본존불 뒤로 있지. 바로 십일면관음보살상이야. 관음보살은 보살 중의 보살로 알려져 있는 있는데, 이는 보살의 특징인 자비를 가장 잘 나타내고 있는 자비의 화신이었기 때문이란다. 관음보살은 매우 다양한 모습으로 나타나는 게 특징이야. 중생을 구원하기 위해서는 각 중생의 수준에 맞는 모습으로 변해서 다가가야 했기 때문이란다.

①범천
늘씬한 체구에 제석천과 반대 방향인 왼쪽으로 몸을 틀고 있어. 제석천과 반대로 왼손에는 정병(淨瓶). 오른손에는 불자를 쥐고 있지.

②보현보살상
머리에는 꽃 모양의 보석으로 치레한 보관을 쓰고 있으며, 화려하고 찬란한 장신구들로 온몸을 치장하고 서 있어.

십대제자상

마하가전연　　아난　　라후라　　우파리　　아나율

54

부처님의 열 명의 제자들

이렇게 아름다운 조각상들 중 다소 소박한 모습으로 서 있는 조각상들이 있어. 바로 십대 제자들이야. 십대 제자는 부처님에게 직접 가르침을 받은 가장 덕 높은 열 명의 제자야.

십대 제자들의 모습을 자세히 살펴보면 참 재미있단다. 머리카락이 없는 민머리에 불거진 눈썹, 날카로운 눈, 큰 매부리코, 완강하고 듬직한 턱, 그리고 끝이 뾰족한 귀 등의 모습을 하고 있거든. 또한 한편으로는 매우 자비로운가 하면 근엄하거나 한없이 해학적인 모습도 보이고, 지혜로운 노비구의 예지에 찬 날카로운 인상과, 청순한 미소를 짓고 있는 수도승의 얼굴 모습도 보여. 이 조각들을 보고 있으면 매우 사실적이고 아름다운 느낌이 든단다.

① ② 십대 제자상
⑤ 십대 제자상
③ ④

③제석천
발은 왼쪽으로 슬쩍 돌려 두고 몸체는 오른쪽으로 약간 비튼 자세로 서 있어. 오른손에는 금강저를, 왼손에는 불자를 잡고 있지.

④문수보살상
오른손으로는 잔을 들고, 왼손은 내려서 손가락을 구부리고 있어. 오른손에 든 잔이 지혜의 잔인 듯해 문수보살로 여겨진단다.

⑤십일면관음보살
머리에 열 개의 얼굴을 새겨 놓은 이 특이한 보살상은 석굴암 조각상 중에서 가장 화려해.

사리불　　마하목건련　　마하가섭　　수보리　　부루나

제1상은 오른손에 경책을 들고 앉아 있는 보현보살

제2상은 오른쪽 무릎을 꿇고 앉아 생각에 잠겨 있는 사유보살상

제3상은 꽃봉오리를 들고 결가부좌로 앉아 있는 미륵보살상

제4상은 요염한 자태를 자랑하는 문수보살상

감실의 보살상들

❈ 감실
석굴이나 옛무덤 등의 일부를 깊이 파서 석불을 안치하거나 무덤 주인공의 초상을 그려 놓은 곳을 말해.

석굴 위쪽 벽면에는 좌우로 모두 열 개의 감실이 마련되어 있지. 감실에는 입구의 좌우 첫 번째 감실들을 제외하고는 모두 보살상들이 들어 있단다. 비어 있는 감실의 보살상들은 일본인들이 약탈해 갔다고 전해지고 있어.

남아 있는 이들 8구의 보살상들은 모두 부드럽고 우아하며, 풍만하고 세련된 자태를 취하고 있지. 각자 개성을 드러내듯 모두 다른 자세로 조각돼 있단다. 이렇게 보살상이 가까스로 볼 수 있게 높다란 감실 안에 봉안돼 있어 신비감을 불러일으키고 있지. 이 감실은 큰 석굴 속의 작은 석굴로 제각기 주인들이 따로 있게끔 하는 구실을 한단다. 그런데 감실의 역할은 여기에서 그치는 것이 아니란다. 미관이나 불교의 사상을 반영해 보살상들을 꾸며 놓은 것이 본래의 목적이지만 한편으로는 석굴암 내부의 공기가 드나드는 통로 역할을 해 환기에 도움이 되기도 한단다.

제5상 제6상 제7상 제8상 제1상 제2상 제3상 제4상

제5상은 왼손에 보주 또는 금강저를 든 금강장보살상

제6상은 왼손에 정병을 든 관음보살상

제7상은 머리를 삭발한 채 왼손에 보주를 든 지장보살상

제8상은 왼손에 부채, 오른손에 주미를 든 유마거사상

완벽한 모습을 간직하고 있는 본존불

주실에서 여러 조각상들을 봤지만 뭐니뭐니해도 뛰어난 가장 완성도를 자랑하는 상은 바로 본존불이야. 본존불은 둥근 원형 대좌 위에 항마촉지인을 한 거대한 불상이지.

당당하고 위엄에 찬 모습이 굉장히 장엄해 보여. 그렇다고 장엄하기만 한 것은 아니란다. 자비로움도 느끼게끔 다듬어서 불상을 더욱 돋보이게 하고 있지. 자비와 위엄이 가득한 얼굴은 불상의 품격을 더욱 부각시켜 주고 있단다. 특히 건장한 어깨에 당당한 가슴, 우견편단으로 드러난 부푼 가슴, 잘록한 허리로 표현된 상체와 팽팽한 근육, 탄력 있는 부피감으로 표현된 하체의 조화는 마치 살아 있는 듯해서 손으로 한번 만져보고 싶은 느낌을 전해 주지.

뿐만 아니라 본존불은 비례적으로도 완벽한 모습을 하고 있어. 본존불과 대좌의 높이를 비율로 계산해 보면 대략 2:1이야. 대좌 높이가 168.4센티미터이고, 그 위에 두 배 높이인 346센티미터의 거대한 불상이 앉아 있지. 이런 비율로 만들어 놓았기에 우리는 본존불상에서 당당하고 존엄한 아름다움과 자연스레 우러나는 위엄을 느낄 수 있을 거야. 이렇게 석굴암에는 모두 38구의 조각상들이 자리하고 있어. 석굴암은 신라인들이 만들어 놓은 장엄한 불교의 나라인 셈이야.

본존불은 어떤 부처님일까?
석굴암의 본존불을 두고 학계에서는 여러 가지 의견이 있어. 어떤 사람들은 석가모니부처님으로 보고, 또 다른 사람들은 아미타부처님으로 여기지. 때로는 석가모니부처님이면서 비로자나부처님으로 해석하거나 석가모니부처님이자 비로자나부처님이라고도 하지. 하지만 가장 많은 사람들이 주장하고 학계에서 인정하고 있는 것은 석가모니부처님이라는 설이란다.

✱ 항마촉지인
악마를 항복하게 하는 자세로, 왼손을 무릎 위에 두고 오른손은 내려 땅을 가리키는 손 모양을 말해.

과학이 숨어 있는 석굴암

이제는 다른 측면에서 석굴암을 들여다보자꾸나. 석굴암의 구조와 기능이 알면 알수록 아름다움의 극치를 보여 주지만 또 한편으로는 석굴암이 매우 과학적으로 설계되었음을 알 수 있어. 어떤 면에서 그런지 함께 알아볼까?

눈높이가 160센티미터인 사람이 밖에서 들여다보면 아래 사진처럼 광배가 본존불상 얼굴 뒤로 동그랗게 보인단다.

눈높이에 따라 움직이는 광배

석굴암 정면에서 주실의 본존불을 바라보면 머리 뒤로 원 모양의 장식이 보여. 바로 광배야. 머리 뒤편의 벽면에 조각되어 있어서 전실에서 예배하는 예배자에게만 정확하게 두광의 효과를 내도록 만들어 놓은 것이지. 연꽃 원판을 특별히 제작해서 뒤쪽 십일면관음상 위에 설치해 놓았어. 이런 제작 방식은 이곳에서만 볼 수 있단다. 역시 신라인의 창의력을 느낄 수 있는 부분이지.

그런데 특이한 점은 이 둥근 광배가 보는 사람의 눈높이에 따라 다르게 보인다는 거야. 키가 작은 사람이 보면 광배가 본존불 머리 약간 위쪽으로 올라간 듯이 보이고, 키가 큰 사람이 보면 아래쪽으로 다소 내려간 듯이 보이지. 그리고 서 있는 위치에 따라서도 광배가 달라 보여. 그렇다면 본존불의 머리와 광배가 정확하게 일치된 모습을 보려면 어느 지

광배가 뒤로 보이는 본존불상

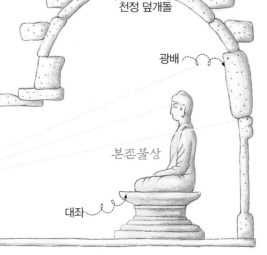

눈높이가 160 센티미터인 사람

천정 덮개돌

광배

본존불상

대좌

점이 좋을까? 영남대학교 김익수 교수에 따르면 160센티미터의 눈높이를 가진 사람이 전실 앞 중앙에 서서 바라보면 불상의 광배와 머리가 일치되어 보인다고 하지.

또한 광배는 완전한 원 모양이 아니라 약간 길쭉한 타원형으로 만들어 놓았어. 왜 그럴까? 여기에는 세심한 과학적 원리가 숨어 있단다. 물체를 아래에서 위로 올려다보면 실제보다 짧아 보인다는 점을 적용했어. 어느 특정 지점, 그러니까 본존불의 머리와 광배가 정확히 일치하는 지점에서 보면 길쭉한 광배가 완전히 둥근 모양으로 보이는 것이지. 요소요소에 과학적인 원리를 적용한 점이 대단하지 않니? 석굴암을 찬찬히 살펴보면 신라 사람들의 과학적 능력을 인정하지 않을 수가 없을 거야.

광배를 왜 만들까?

광배는 부처님의 신비함과 위대함을 장엄하게 표현하기 위해 만든 것이야. 부처님의 모습을 설명한 32상80종호의 규범을 보면, '한 길이나 되는 빛이 비친다.'고 하는 항목이 있는데, 이것을 표현한 것이 광배란다. 이 빛은 머리에만 비칠 수도 있고 온몸에 비칠 수도 있어. 그래서 불상을 보면 머리에만 비치도록 작게 만들어 놓은 것도 있고, 온몸에 비치도록 크게 만들어 놓은 것들도 있지. 박물관이나 절에서 불상을 접하게 되면 살펴보렴.

둥글게 쌓아 올린 천장

광배처럼 둥근 형태가 주실 안에 또 있단다. 어디일까? 바로 천장에 있어. 천장의 중심 덮개돌 역시 원판 모양이지. 테두리를 따라 16 잎의 연꽃을 새겨 놓은 것이 광배와 똑같아. 이 덮개돌은 석굴 자체로는 천장의 중심부에 해당되지만, 불상으로 보면 부처님의 머리 꼭대기를 장엄하게 해 주는 정상 광배라 할 수 있단다. 이러한 것을 불교 용어로는 천개라 불러. 그래서 이 돌을 '천개석'이라고 한단다.

그런데 천개석을 보면 세 조각으로 깨진 것을 확인할 수 있어. 일연 스님이 지은 《삼국유사》를 보면 이것에 얽힌

세 조각으로 깨져 있는 천장 덮개돌

이야기가 쓰여 있단다. 아마도 천개석을 만들다가 세 토막으로 갈라졌을 것이라고 쓰고 있어. 지금까지도 그 흔적이 그대로 남아 있는 것이지.

이제는 석굴암 주실을 어떻게 돔처럼 쌓았는지 살펴보자. 주실은 판판한 돌을 잇대어 돔처럼 쌓았단다. 신라인들은 아마도 이곳을 쌓을 때 가장 공을 들였을 거야. 판판한 네모 돌을 잇대어 둥글게 돔처럼 쌓은 일은 수학적이나 기하학적으로 상당한 지식을 필요로 하는 일이거든. 돔 모양의 위쪽을 자세히 보면 뭉툭하게 튀어나온 돌이 보여. 신라인들은 비녀처럼 생긴 이 돌을 판판한 네모 모양 돌 사이사이에 끼워 넣었는데, 이것이 둥글게 쌓아 올린 편평한 돌을 받쳐 주는 역할을 하지. 편편한 돌 사이에 이 끼임돌을 끼우고, 그 위에 작은 돌들을 쌓아 위에서 눌러 주어 돌을 지탱할 수 있게 한 것이야. 위로 갈수록 비녀 모양 돌은 점점 짧아지고 편편한 네모 돌도 점점 작아지면서 돔 모양을 이룬 것이란다. 아주 치밀한 건축법이지.

정교한 계산을 거쳐 쌓은 완벽한 건축

또한 석굴암의 구조는 수학적으로도 정교하게 설계되어 있단다. 불상의 수나 석굴암의 크기는 모두 8의 숫자와 연관이 깊어. 주실은 지름이 24당척인데, 이는 8의 3배수지. 이뿐만이 아니야. 불상의 좋은 상호를 가리키는 32상 80호는 8의 4배수와 10배수이며, 석가불의 크기인 1장 6척, 즉 16척은 8의 2배수로 되어 있어.

다른 부분에서도 이런 수치를 찾아볼 수 있지. 입구의 너비는 12척이고, 불상대좌도 12척인데, 12라는 숫자는 8에다 그 반인 4를 더한 거야. 그리고 지름 24척의 둥근 주실 공간에서 본존불이 최대한 차지할 수 있는 공간은 그 반인 12척으로 만들었지. 이때 본존불을 정중

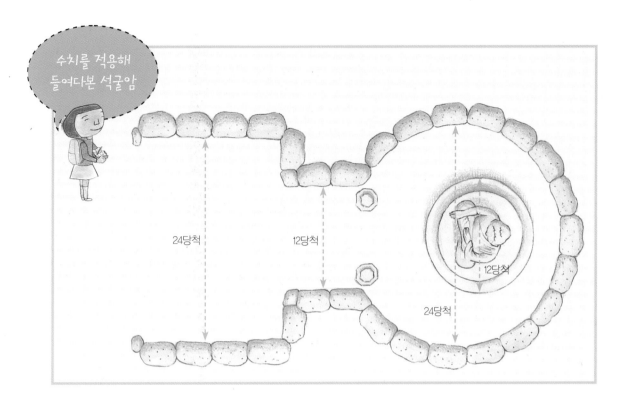

수치를 적용해 들여다본 석굴암

24당척

12당척

12당척

24당척

앙에 놓으면 석굴암 밖에서 전체가 잘 보이지 않으므로 중앙에서 약간 뒤로 물러나게 배치해 놓았어.

　얼마나 치밀한 계산을 한 후에 석굴암을 지었는지는 신라 사람들이 석굴암의 외곽을 짓기 이전에 불상을 먼저 안치시킨 것을 보면 알 수 있어. 신라인들은 자신들의 건축 기술에 굉장한 자신감을 가진 것이지. 대개는 건물을 먼저 짓고 난 후에 완성된 불상을 안치하게 마련인데, 석굴암을 지을 때는 이와 달리 본존불을 먼저 놓은 다음에 그 위로 돌을 하나하나 쌓아올렸다는 거지. 여기에서 본존불을 다치지 않게 하면서 석굴암을 쌓을 수 있다는 자신감을 엿볼 수 있단다.

석굴암으로 들어가는 길 옆에 놓여 있는 석굴암 돌재료야.

석굴암 바닥은 습기제거제!

석굴암의 구조에 대해 좀더 알아보면 아주 재미있는 사실을 접하게 된단다. 바로 석굴 바로 아래로 물이 흘러내린다는 것이야. 석굴암 아래에 있는 감로수가 바로 그 샘물이 흘러나와 고인 것이지. 그런데 하필이면 왜 물이 솟아오르는 곳 위에 석굴을 만들었을까? 여기에는 신라 사람들의 뛰어난 과학적 사고가 밑받침이 되었어.

산에서 흘러내리는 물에 손을 담가 봤니? 어때, 매우 차갑지? 산속의 물은 보통 공기 중의 온도보다 낮단다. 특히 석굴암 아래를 흐르는 감로수는 항상 12도 정도를 유지해. 그래서 석굴암의 바닥은 감로수의 영향을 받아서 위쪽보다 온도가 낮지. 이렇게 일부러 바닥의 온도를 낮게 만든 데에는 이유가 있어. 바로 습기 때문이야.

여름철에는 석굴암에 습기가 많은 공기가 들어와. 이런 공기가 들어오면 조각상들에 나쁜 영향을 줄 수 있단다. 습기가 차면 돌에 이끼가 끼고 물기가 스며들어 오랜 시간 동안 유지되기가 어렵거든. 그래서 신라인들이 생각해 낸 것은 이 조각상들에 습기가 닿지 않게 해서 밖으로 빼내는 방법을 고안했는데, 그것이 바로 바닥을 일부러 차게 한 것이야.

여름철, 공기 중에 얼음물을 놔두면 어떠니? 컵 표면에 물방울이 맺히지? 석굴암에도 여름철의 습한 공기가 들어오면 바닥이 차갑기 때문에 습기가 바닥으로 가라앉는단다. 따라서 본존불이나 조각상이 있는 위쪽으로는 습기가 닿지 않게 되지. 바로 샘물 위에 지은 차가운 바닥은 천연의 습기제거제인 셈이야. 세계문화유산으로 인정받을 만한 가치가 있는 유적이라 할 만하지 않니?

감로수에 얽힌 석탈해 전설

석굴암을 돌아보고 나오면 감로수에서 목을 축여 봐! 그런데 이 감로수에는 전설이 얽혀 있단다. 신라 4대왕인 석탈해와 관련된 이야기지. 석탈해가 왕이 되기 전, 토함산에 사냥을 나갔어. 그러던 중 목이 말라 부하에게 물을 떠 오라 시켰지. 부하는 물을 뜨러 돌아다니다 동해가 바라보이는 큰 바위 밑에 맑은 샘물을 발견하고 물을 떴어. 물을 가져가던 부하는 목이 너무 말라 자기가 먼저 조금 마셨지. 그러자 표주박이 입에 붙어버렸어. 당황한 부하는 석탈해에게 다시는 먼저 물을 마시지 않겠다고 하자 표주박이 입에서 떨어졌다는 이야기야. 그 맑은 샘물이 바로 감로수란다.

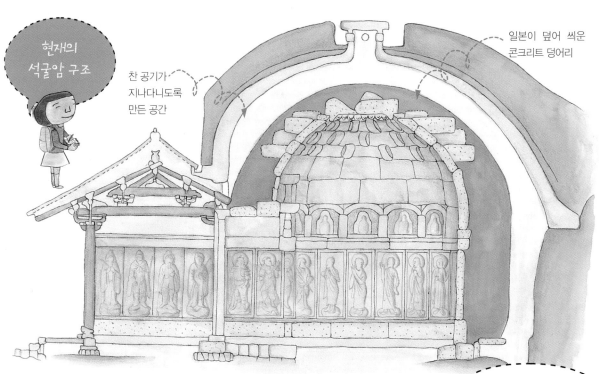

현재의
석굴암 구조

찬 공기가
지나다니도록
만든 공간

일본이 덮어 씌운
콘크리트 덩어리

지금의 석굴암을 들여다보면
지금의 석굴암은 처음 지었을 때의 모습과 달라. 일제 강점기 때 일본이 콘크리트로 덮어버린 것을 보완하기 위해 기계실을 설치하면서 지금의 모습이 된 거지.

원래의 석굴암 외벽으로는 돌덩이가 가득한 흙을 덮어 놓아서 자연스럽게 공기가 석굴암 내부로 드나들 수 있었단다.

여기서
잠깐!

석굴암의 불상은 무엇과도 바꿀 수 없는 것일까?

석굴암을 돌아보고 나오면 길가에 커다란 돌멩이가 놓여 있어. 거기에는 다음과 같은 구절이 새겨져 있지.

"우리는 무엇보다도 잃어서 안 될 작품으로 경주의 불상을 갖고 있다. 영국인은 인도를 잃어버릴지언정 셰익스피어를 버리지 못하겠다고 한다. 하지만 우리에게 무엇보다도 귀중한 보물은 이 석굴암의 불상이다."

각 나라가 가진 문화와 유적들은 모두 제각기 나름대로의 가치를 갖고 있는 것인데, 과연 어느 것과도 바꿀 수 없을 만큼 최고로 뛰어난 문화유산이 있는 것일까? 너희는 어떻게 생각하니? 한번 생각해 볼 일이야.

부처님의 세계를 나오며

자, 이제 불국사도 보고, 석굴암도 다 둘러보았지. 그러면 불국사와 석굴암을 떠나기 전에 지금까지 얘기한 내용을 다시 한번 상기해 보자.

불국사에서 우리가 무엇을 보고 가면 될까? 여러 가지를 보았겠지만 무엇보다도 가장 중요한 것은 진리는 먼 데 있는 것이 아니라 우리 바로 옆에 있다는 거야. 깨닫기만 하면 사바 세계가 곧 불국의 세계라는 불교의 사상을 불국사에서 깨달을 수 있지. 사바 불국, 연화장 불국, 극락 불국 등이 어울려 큰 불국을 이룬 곳이 바로 불국사거든. 토함산 기슭을 이용해서 흰 화강암을 교묘하고 아름답게 짠 토대 위에 돌탑과 아름다운 목조 건물을 짜임새 있게 펼쳐 놓음으로써 장엄한 불교 세계를 나타낸 곳이 바로 불국사임을 이해했을 거야.

그렇다면 석굴암에서는 어떨까? 석굴암은 세계에서 가장 과학적으로 치밀하게 설계한 우리의 문화유산이라는 사실을 짚고 넘어가야 할 거야. 화강암을 교묘하고 미묘하게 쌓아 만든 석실, 이른바 차이티야라는 예배 석굴을 완성하고, 이 안에 또한 많은 석실을 만들어 수많은 불교 세계를 완성했다는 사실을 말이야. 석굴 안에는 팔부신장, 금강역사, 4천왕, 2대 천신, 10대 제자, 11면관음, 8대보살, 본존불을 전실과 연도, 주실과 감실에 교묘하고 조화롭게 배치하여 장엄하고 아름다운 부처님의 세계를 표현해 놓았지. 특히 석굴암의 불상들은 인도와 중국의 영향을 받아 통일신라의 이상적인 사실 양식을 더해서 세계에서도 유례를 찾을 수 없는 작품들이란다. 석굴의 불상들을 살펴보면 신이 만들었다고나 할 수 있는 최고 수준의 걸작품임을 잘 알 수 있을 거야.

이제 토함산 기슭과 정상 부근에 자리하고 있는 불국사와 석굴암의 부처님 세계를 뒤로 하고 사바 세계로 힘차게 발걸음을 내딛길 바란다.

신라 문화가 꽃핀 경주도 돌아보자!

불국사와 석굴암은 신라의 도읍지였던 경주에 있단다. 불국사와 석굴암이 신라 문화의 꽃이었다면 경주는 이런 꽃을 피우게 할 수 있었던 토대라고 할 수 있지. 신라의 왕과 귀족들이 묻혀 있는 대릉원, 불교 사찰의 규모를 자랑한 황룡사의 자취가 남아 있는 황룡사터, 신라 시대에 하늘의 별을 관측했다고 하는 첨성대 등. 경주에는 신라 시대의 찬란하고 아름다운 문화를 느낄 수 있는 문화유산들이 가득하단다. 자, 불국사 석굴암을 다 돌아보았다면 이제 경주에 남아 있는 신라의 문화를 한껏 느껴 보자꾸나.

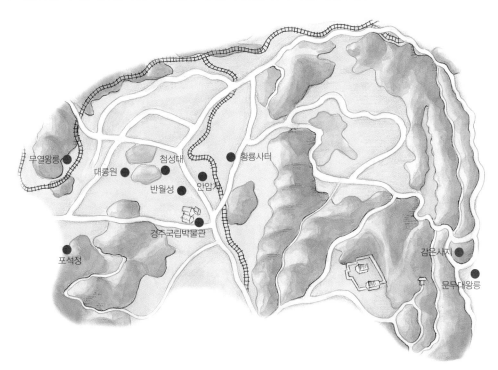

무열왕릉

무열왕은 신라 제29대 왕으로, 진덕여왕의 뒤를 이어 왕위에 오른 최초의 진골 출신 왕이지. 무열왕릉은 능 앞에 무열왕릉이라고 표시된 비석이 서 있어서 무덤 주인을 알게 되었지.

문무대왕릉

문무대왕은 삼국을 통일한 신라의 왕이야. 용이 되어 죽어서도 나라를 지킬 수 있도록 이곳에 유골을 묻으라고 유언을 남겼어. 이에 따라 화장 후에 동해의 이곳에 뿌리게 했지. 후대의 사람들은 왕의 유언을 믿어 그 바위를 대왕암이라고 불렀단다.

반월성

신라 시대 왕들이 살았던 궁이야. 모양이 반달 같다고 해서 반월성이라고 불렀지. 도읍지인 경주에는 원래 5개의 궁이 있었는데, 반월성에 있던 궁이 정궁이라고 전해지고 있어. 지금은 궁을 둘러싸고 있던 성만 남아 있단다.

안압지

경주에 있는 신라 때의 연못이야. 신라 문무왕 때 궁성 안에 못을 파고 산을 만들어 화초를 기르고 동물을 길렀다고 하는 기록이 있는데, 안압지는 바로 그때 판 연못이지.

대릉원

신라 시대의 왕과 왕비, 그리고 귀족들의 무덤 23기가 모여 있는 곳이야. 그중에서 황남대총이 가장 규모가 크고, 천마총은 내부 모습도 관람할 수 있단다.

경주국립박물관

경주와 신라 시대에 관한 많은 자료가 전시되어 있는 박물관이야. 경주에 와서 이곳을 둘러보지 않는다면 수박 겉핥기식 여행이 될 거야. 특히, 박물관 앞에 서 있는 성덕대왕신종도 꼭 보고 가도록!

감은사지

신라 시대의 감은사가 있던 자리야. 절 건물은 하나도 남아 있지 않고 지금은 이렇게 덩그러니 탑 2기와 건물이 있던 자리에 초석만 남아 있단다. 신라의 문무왕이 삼국을 통일한 후 부처의 힘을 빌려 왜구의 침입을 막고자 이곳에 감은사를 세운 것이란다.

황룡사터

황룡사는 신라 시대 가장 번성했던 절이란다. 지금은 이렇게 터만 남아 있지. 절 안에 있던 9층목탑은 크기가 어마어마했으며, 공사 기간이 무려 100여 년이 걸렸다고 전해지고 있어. 높이를 지금의 기준으로 계산해 보면, 몸체만도 아파트 20층 높이라고 하니 그 높이를 가히 상상할 수 있겠지?

나는 불국사와 석굴암 박사!

불국사와 석굴암을 다 돌아보았지. 그럼, 얼마나 주의깊게 보았는지 한번 알아볼까?
다음의 문제들을 풀어 보면서 다시 한번 불국사와 석굴암의 아름다운 세계로 들어가 보자.

① 중생을 구원하는 소리를 찾아라!

대웅전 주변에서는 중생을 구원하는 소리를 들을 수가 있단다. 어떤 소리가 있는지 귀를 기울여
확인해 볼까? 아래 지도에서 위치를 찾아 표시해 보렴!

1 운판
하늘에 사는 생명을 구원하
는 소리란다.

2 목어
물에 사는 생명을 구원하는 소리란다.

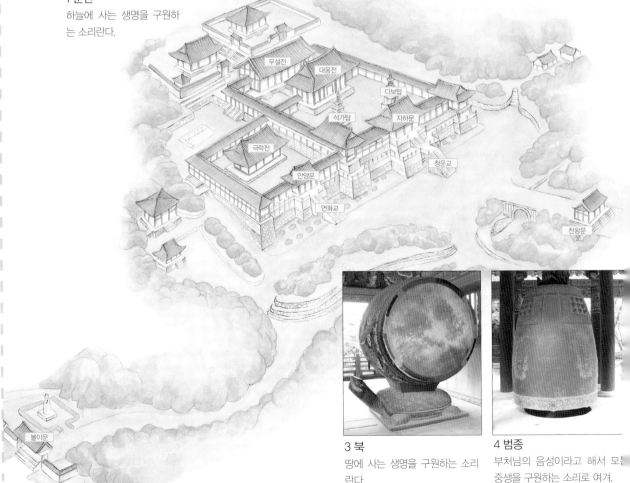

3 북
땅에 사는 생명을 구원하는 소리
란다.

4 범종
부처님의 음성이라고 해서 모[든]
중생을 구원하는 소리로 여겨.

② 자리를 떠난 불상의 위치를 찾아라!

아래의 그림은 석굴암을 내부를 그린 것이란다. 앞에서 석굴암의 불상들이 어떤 순서로
서 있는지 잘 살펴보았지? 그럼 아래의 사진에 보이는 조각상들은 어디에 있던
것들인지 잘 찾아서 위치를 써 보렴.

1.'아'금강역사상

2. 본존불상

3.'훔'금강역사상

4. 십일면관음보살상

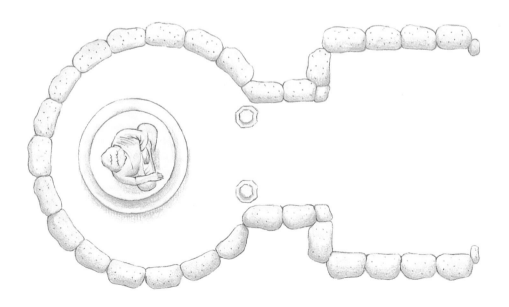

☞ 정답은 72쪽에

나만의 탐방기 잘 쓰기

불국사와 석굴암을 돌아보고 나니 어떤 느낌이 드니? 말로만 듣던 불국사와 석굴암의 아름다움과 과학적 구조를 직접 눈으로 확인해 보니 남다른 느낌이 든다고? 그렇다면 우리 그런 느낌을 기록으로 남겨 보자꾸나. 다른 사람하고는 다른 나만의 느낌을 간직하고 싶다면 자신이 보고 느낀 점들을 솔직하게 표현해 보렴.

제 1면

전체 구성을 생각해서 1면을 꾸며 봐!

첫 번째 면을 꾸밀 때에는 자신이 다녀온 곳의 대략적인 소개로 시작해도 좋아. 그렇게 하면 읽는 사람들로 하여금 어떤 이야기가 시작될 것인지를 미리 알게 해주어 시선을 끌 수 있단다. 이때 자신만의 아이디어로 면을 꾸민다면 더욱 재미있는 탐방기가 될 거야. 오른쪽의 예처럼 직접 그림을 그려 넣어도 나만의 특별한 탐방기를 완성할 수 있지. 탐방기와 같은 작업을 자꾸자꾸 하다 보면 자신만의 독특한 꾸미기 감각을 키울 수도 있단다.

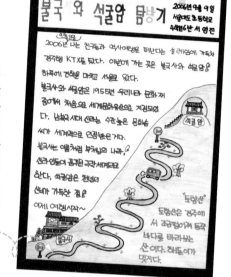

다른 곳에서는 지도로
장식해도 멋질거야!

제 2면

사진도 좋은 탐방기의 소재야

1면이 전체를 소개하는 부분이었다면 2면은 이제 본격적으로 자신이 다녀온 곳에 대한 소개를 하는 부분이야. 이때도 앞에서처럼 읽는 사람들의 흥미를 계속 유지시켜 주려면 자신만의 아이디어를 발휘하여 면을 구성하는 것이 좋지. 이때 현장의 느낌을 그대로 전달해 줄 수 있는 사진을 이용하는 것은 아주 기본적인 방법일 거야. 사진 옆에 따로 설명을 붙여 주면 더욱 친절하고 인상깊은 탐방기가 되겠지? 자신이 보고 온 현장에 대해 다시 한번 되새겨 보는 기회가 될 거야.

사진에 대한 설명글은
사진에서전하고 싶은 내용을
간결하게쓰는 게 좋겠지?

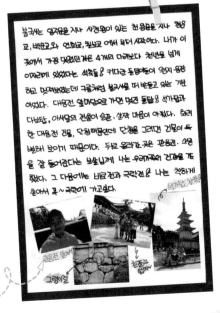

제3면

나만의 느낌을 정리해 봐!

목적지를 보고 느낀 소감을 솔직하게 써 보는 거야.
다른 친구들이 어떻게 느꼈는지를 알려고 하지
말고 나 자신은 현장에서 어떤 느낌을 받았는지를
적어 보는 것이 중요해. 그것이 바로 나의 생각을
정리하고 발전시키는 연습이거든. 이런 느낌을
자꾸 정리하다 보면 자신만의 역사를 보는 눈이나
사물을 보는 눈이 길러질 거야. 그리고 궁금한 점이
생긴다면 직접 조사해 보고 정리해 보렴. 그런
활동이 결국에는 또 다른 글쓰기의 연습이 된단다.

현장에서 찍거나 구할 수 있는 사진을
붙이고 직접 조사한 내용을 덧붙이면 한층
차원 높은 탐방기가 된단다.

제4면

현장감을 느낄 수 있는 추가 자료를 덧붙여 봐!

자, 이제 마지막 면이야. 이곳에서는 앞에서 못다 한
이야기나 덧붙이고 싶은 자료를 정리해서 보여 주는
것도 괜찮아. 불국사와 석굴암의 입장권이나 버스표
등을 붙여 두면 나중에 좋은 정보가 될 수도 있단다.
그리고 친구들이나 가족과 함께 찍은 기념 사진을
붙이는 것도 빠뜨릴 수 없는 부분이지. 그리고 이번
여행에서 놓친 아쉬운 면에 대해서 적어 본다면
나중에 또다시 이곳을 방문할 때 정말 도움이 될
거야.

교통 정보에 대한 자료를
덧붙여 놓으면 여행 경비를
정리하는 데에도 도움이 돼!

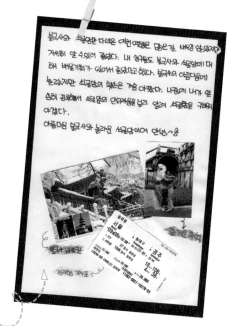

9쪽

지국천왕
동쪽을 지키는 지국천왕은 착한 사람을 괴롭히는 나쁜 사람을 벌하는지. 보통은 칼을 잡고 있지만 불국사의 지국천왕은 비파를 들고 있어.

광목천왕
서쪽을 지키는 광목천왕은 용과 여의주를 들고 있어. 광목은 이름처럼 눈을 부릅뜬 모습을 한 채 나쁜 사람들에게 벌을 내려 반성하게 만들지

증장천왕
남쪽을 지키는 증장천왕은 사랑을 다루는 가을의 신이면서 만물이 소생하게 힘쓰지. 경전마다 손에 들고 있는 지물이 다른데, 불국사의 증장천왕은 칼을 잡고 있어.

다문천왕
북쪽을 지키는 다문천왕은 탑을 들고 있지만 불국사에서는 칼을 들고 있어. 즐거움을 관리하는 거울 신이지.

30쪽

항마촉지인
모든 악마를 굴복시켜 없애버리는 의미를 담고 있어. 오른손을 오른쪽 무릎 위에 얹고 손가락 끝을 가볍게 땅에 대고 있으며, 왼손은 손바닥을 위로 향한 채 배꼽 앞에 놓은 모습이야.

초전법륜인
부처님이 처음으로 설법할 때의 손 모양이야. 엄지와 장지를 맞댄 후 왼손은 손바닥을 위로 하고, 펴진 마지막 두 손가락 끝을 오른쪽 손목에 대고 있는 형태야.

시무외인
오른손을 어깨 높이까지 올리고 다섯 손가락을 가지런히 펴서 손바닥을 밖으로 향하게 한 형태야. 나를 믿으면 두려움이 없어진다는 뜻을 담고 있지.

지권인
비로자나부처님의 손 모양이야. 그런데 재미있는 것은 불국사의 비로자나불과 반대의 자세를 하고 있어.

49쪽

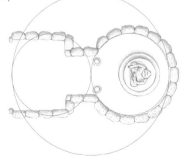

51쪽

나는 **불국사와 석굴암** 박사!

❶ 중생을 구원하는 소리를 찾아라!

❷ 자리를 떠난 불상의 위치를 찾아라!

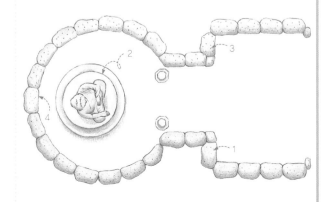

사진 출처

주니어김영사 8p(일주문), 9p(불국사 천왕문, 지국천왕, 광목천왕, 증장천왕, 다문천왕), 14p(석축 사진), 16p(영지, 영지불상), 17p(연화석), 18p(돌사자상), 22p(대웅전 합각), 22~23p(대웅전 전경), 24p(처마 밑의 용(여의주, 물고기)), 26p(관음전에서 바라본 다보탑), 28p(극락전 전경), 29p(반야용선도), 33p(불국사 전경), 34p(불국사 해탈문), 40p(토함산 일주문), 44p(세계유산 석굴암 푯돌, 석굴암 외부 전경), 47p(최근의 석굴암), 61p(석굴암 돌재료), 62p(감로수), 63p(석굴암의 불상), 64~65p(불국사 전경), 68p(운판, 목어, 북, 범종)

문명대 13p(청운교), 15p(석축), 17p(석가탑), 18p(다보탑), 19p(석가탑과 다보탑), 21p(송림사 5층전탑, 쌍봉사 대웅전, 감은사지 석탑), 23p(대웅전의 불상과 보살상), 24p(무설전), 25p(관음전), 27p(금동비로자나불상), 27p(비로전, 불국사 부도), 30p(금동아미타여래좌상), 42p(토함산 일출), 43p(아잔타 석굴사원, 태안 마애석굴의 삼존불상), 52~53p(팔부신중상 일체), 54~55p(보살상 일체), 56p(감실 보살상 일체), 57p(본존불상), 58p(본존불상), 59p(천장 덮개돌)

국가 홍보처 25p(1969년에 찍은 불국사 전경), 33p(보수 공사중인 불국사), 47p(복원공사를 위해 해체시켜 놓은 석굴암, 지금의 본존불상)

연합뉴스 35p(불국사 전경), 47p(일제 시대 석굴암)

김원미 66p(무열왕릉, 문무대왕릉), 67p(반월성, 안압지, 대릉원, 감은사지, 황룡사터, 국립경주박물관)

초등학교 교과서와 관련된 학년별 현장 체험학습 추천 장소

1학년 1학기 (21곳)	1학년 2학기 (18곳)	2학년 1학기 (21곳)	2학년 2학기 (25곳)	3학년 1학기 (31곳)	3학년 2학기 (37곳)
철도박물관	농촌 체험	소방서와 경찰서	소방서와 경찰서	경희대자연사박물관	IT월드(과천정보나라)
소방서와 경찰서	광릉	서울대공원 동물원	서울대공원 동물원	광릉수목원	강원도
시민안전체험관	홍릉 산림과학관	농촌 체험	강릉단오제	국립민속박물관	경희대자연사박물관
천마산	소방서와 경찰서	천마산	천마산	국립서울과학관	광릉수목원
서울대공원 동물원	월드컵공원	남산골 한옥마을	월드컵공원	국립중앙박물관	국립경주박물관
농촌 체험	시민안전체험관	한국민속촌	남산골 한옥마을	기상청	국립고궁박물관
코엑스 아쿠아리움	서울대공원 동물원	국립서울과학관	한국민속촌	서대문자연사박물관	국립국악박물관
선유도공원	우포늪	서울숲	농촌 체험	선유도공원	국립부여박물관
양재천	철새	갯벌	서울숲	시장 체험	국립서울과학관
한강	코엑스 아쿠아리움	양재천	양재천	신문박물관	남산
에버랜드	짚풀생활사박물관	동굴	선유도공원	경상북도	남산골 한옥마을
서울숲	국악박물관	고성 공룡박물관	불국사와 석굴암	양재천	롯데월드 민속박물관
갯벌	천문대	코엑스 아쿠아리움	국립중앙박물관	경기도	국립민속박물관
고성 공룡박물관	자연생태박물관	옹기민속박물관	국립민속박물관	이화여대자연사박물관	삼성어린이박물관
서대문자연사박물관	세종문화회관	기상청	전쟁기념관	전쟁기념관	서대문자연사박물관
옹기민속박물관	예술의 전당	시장 체험	판소리	천마산	선유도공원
어린이 교통공원	어린이대공원	에버랜드	DMZ	한강	소방서와 경찰서
어린이 도서관	서울놀이마당	경복궁	시장 체험	화폐금융박물관	시민안전체험관
서울대공원		강릉단오제	광릉	호림박물관	경상북도
남산자연공원		몽촌역사관	홍릉 산림과학관	홍릉 산림과학관	월드컵공원
삼성어린이박물관		국립현대미술관	국립현충원	우포늪	육군사관학교
			국립4·19묘지	소나무 극장	해군사관학교
			지구촌민속박물관	예지원	공군사관학교
			우정박물관	자운서원	철도박물관
			한국통신박물관	서울타워	이화여대자연사박물관
				국립중앙과학관	제주도
				엑스포과학공원	천마산
				올림픽공원	천문대
				전라남도	태백석탄박물관
				경상남도	판소리박물관
				허준박물관	한국민속촌
					임진각
					오두산 통일전망대
					한국천문연구원
					종이미술박물관
					짚풀생활사박물관
					토탈야외미술관

4학년 1학기 (34곳)	4학년 2학기 (56곳)	5학년 1학기 (35곳)	5학년 2학기 (51곳)	6학년 1학기 (36곳)	6학년 2학기 (39곳)
강화도	IT월드(과천정보나라)	갯벌	IT월드(과천정보나라)	경기도박물관	IT월드(과천정보나라)
갯벌	강화도	광릉수목원	강원도	경복궁	KBS 방송국
경희대자연사박물관	경기도박물관	국립민속박물관	경기도박물관	덕수궁과 정동	경기도박물관
광릉수목원	경복궁 / 경상북도	국립중앙박물관	경복궁	경상북도	경복궁
국립서울과학관	경주역사유적지구	기상청	덕수궁과 정동	고성 공룡박물관	경희대자연사박물관
기상청	경희대자연사박물관	남산골 한옥마을	경상북도	국립민속박물관	광릉수목원
농촌 체험	고창, 화순, 강화 고인돌유적	농업박물관	경희대자연사박물관	국립서울과학관	국립민속박물관
서대문자연사박물관	전라북도	농촌 체험	고인쇄박물관	국립중앙박물관	국립중앙박물관
서대문형무소역사관	고성 공룡박물관	서울국립과학관	충청도	농업박물관	국회의사당
서울역사박물관	충청도	서울대공원 동물원	광릉수목원	롯데월드 민속박물관	기상청
소방서와 경찰서	국립경주박물관	서울숲	국립공주박물관	몽촌토성과 풍납토성	남산
수원화성	국립민속박물관	서울시청	국립경주박물관	민주화현장	남산골 한옥마을
시장 체험	국립부여박물관	서울역사박물관	국립고궁박물관	백범기념관	대법원
경상북도	국립서울과학관	시민안전체험관	국립민속박물관	서대문자연사박물관	대학로
양재천	국립중앙박물관	경상북도	국립서울과학관	서대문형무소 역사관	민주화 현장
옹기민속박물관	국립국악박물관 / 남산	양재천	국립중앙박물관	서울역사박물관	백범기념관
월드컵공원	남산골 한옥마을	강원도	남산골 한옥마을	조선의 왕릉	아인스월드
철도박물관	농업박물관 / 대법원	월드컵공원	농업박물관	성균관	서대문자연사박물관
이화여대자연사박물관	대학로	유명산	롯데월드 민속박물관	시민안전체험관	국립서울과학관
천마산	롯데월드 민속박물관	제주도	충청도	경상북도	서울숲
천문대	몽촌토성과 풍납토성	짚풀생활사박물관	서대문자연사박물관	암사동 선사주거지	신문박물관
철새	불국사와 석굴암	천마산	성균관	운현궁과 인사동	양재천
홍릉 산림과학관	서대문자연사박물관	한강	세종대왕기념관	전쟁기념관	월드컵공원
화폐금융박물관	서울대공원 동물원	한국민속촌	수원화성	천문대	육군사관학교
선유도공원	서울숲	호림박물관	시민안전체험관	철새	이화여대자연사박물관
독립공원	서울역사박물관	홍릉 산림과학관	시장 체험 / 신문박물관	청계천	중남미박물관
탑골공원	조선의 왕릉	하회마을	경기도	짚풀생활사박물관	짚풀생활사박물관
신문박물관	세종대왕기념관	대법원	강원도	태백석탄박물관	창덕궁
서울시의회	수원화성	김치박물관	경상북도	해인사 고려대장경과 장경판전	천문대
선거관리위원회	승정원 일기 / 양재천	난지하수처리사업소	옹기민속박물관	호림박물관	우포늪
소양댐	옹기민속박물관	농촌, 어촌, 산촌 마을	운현궁과 인사동	유니세프 한국위원회	판소리박물관
서남하수처리사업소	월드컵공원	들꽃수목원	육군사관학교	무령왕릉	한강
중랑구재활용센터	육군사관학교	정보나라	이화여대자연사박물관	현충사	홍릉 산림과학관
중랑하수처리사업소	철도박물관	드림랜드	전라북도	덕포진교육박물관	화폐금융박물관
	이화여대자연사박물관	국립극장	전쟁박물관	서울대학교 의학박물관	훈민정음
	조선왕조실록 / 종묘		창경궁 / 천마산	상수허브랜드	상수도연구소
	종묘제례		천문대		한국자원공사
	창경궁 / 창덕궁		태백석탄박물관		동대문소방서
	천문대 / 청계천		한강		중앙119구조대
	태백석탄박물관		한국민속촌		
	판소리 / 한강		해인사 고려대장경과 장경판전		
	한국민속촌		화폐금융박물관		
	해인사 고려대장경과 장경판전		중남미문화원		
	호림박물관		첨성대		
	화폐금융박물관		절두산순교성지		
	훈민정음		천도교 중앙대교당		
	온양민속박물관		한국에너지기술연구원		
	아인스월드		한국자수박물관		
			초전섬유퀼트박물관